MA
EU. MULHER. TRANS.

Editora Appris Ltda.
1.ª Edição - Copyright© 2023 da autora
Direitos de Edição Reservados à Editora Appris Ltda.

Nenhuma parte desta obra poderá ser utilizada indevidamente, sem estar de acordo com a Lei nº 9.610/98. Se incorreções forem encontradas, serão de exclusiva responsabilidade de seus organizadores. Foi realizado o Depósito Legal na Fundação Biblioteca Nacional, de acordo com as Leis nos 10.994, de 14/12/2004, e 12.192, de 14/01/2010.

Catalogação na Fonte
Elaborado por: Josefina A. S. Guedes
Bibliotecária CRB 9/870

B741m 2023	Bosa, Marcela 　　Ma : Eu. Mulher. Trans / Marcela Bosa. 　　– 1. ed. – Curitiba : Appris, 2023. 　　163 p. ; 21 cm. 　　ISBN 978-65-250-4512-2 　　1. Autobiografia. 2. Transexuais. 3. Preconceitos. 4. Família. I. Título. 　　　　　　　　　　　　　　　　　　　CDD –808.06692

Editora e Livraria Appris Ltda.
Av. Manoel Ribas, 2265 – Mercês
Curitiba/PR – CEP: 80810-002
Tel. (41) 3156 - 4731
www.editoraappris.com.br

Printed in Brazil
Impresso no Brasil

Marcela Bosa

MA
EU. MULHER. TRANS.

FICHA TÉCNICA

EDITORIAL
: Augusto Vidal de Andrade Coelho
Sara C. de Andrade Coelho

COMITÊ EDITORIAL
: Marli Caetano
Andréa Barbosa Gouveia (UFPR)
Jacques de Lima Ferreira (UP)
Marilda Aparecida Behrens (PUCPR)
Ana El Achkar (UNIVERSO/RJ)
Conrado Moreira Mendes (PUC-MG)
Eliete Correia dos Santos (UEPB)
Fabiano Santos (UERJ/IESP)
Francinete Fernandes de Sousa (UEPB)
Francisco Carlos Duarte (PUCPR)
Francisco de Assis (Fiam-Faam, SP, Brasil)
Juliana Reichert Assunção Tonelli (UEL)
Maria Aparecida Barbosa (USP)
Maria Helena Zamora (PUC-Rio)
Maria Margarida de Andrade (Umack)
Roque Ismael da Costa Güllich (UFFS)
Toni Reis (UFPR)
Valdomiro de Oliveira (UFPR)
Valério Brusamolin (IFPR)

SUPERVISOR DA PRODUÇÃO
: Renata Cristina Lopes Miccelli

REVISÃO
: Samuel do Prado Donato

DIAGRAMAÇÃO
: Renata Cristina Lopes Miccelli

CAPA
: Marcela Bosa

Às mulheres antes de mim, que engatinharam para que eu pudesse andar.

Hoje, eu ando para que as que virão depois possam voar.

Você nunca tem completamente seus direitos, individualmente, até que todos tenham direitos.

MARSHA P. JOHNSON

PREFÁCIO

Em primeira pessoa

Nós, mulheres trans e travestis, somos provavelmente o grupo social sobre quem mais recaem os maiores preconceitos da nossa sociedade. Aos olhos do outro, somos sempre inferiores, desumanizadas, estamos em determinados lugares sociais que nos colocam e apenas isso. Por isso, é fundamental sermos autoras de nossas vidas e contarmos a nossa verdadeira história. Como Marcela faz neste livro.

Para uma travesti, contar a sua própria história significa conseguir organizar sua trajetória, que geralmente é marcada por uma série de desafios e violências, narrando fatos sobre si mesma e se dignificando, se reaproximando de um lugar humano na sociedade e podendo reconstruir a sua vida. Poder contar a sua história em primeira pessoa tem um significado muito potente e transformador. É olhar para trás e ver tudo o que nós passamos para nos consolidar enquanto sujeitas humanas na nossa identidade travesti, mas também enquanto sujeitas de direito — inclusive o direito de dizer que se é.

Quantas de nós não morreram silenciadas — no país que mais mata pessoas trans e travestis em todo o mundo há mais de uma década — sem ter tido a oportunidade de revelar sua trajetória e sequer tendo seu nome e sua identidade respeitados no sepultamento? A partir do momento que estamos contando nossas histórias, quer dizer que alcançamos um lugar de dignidade para assim o poder fazer, conquistamos esse lugar de poder contar a nossa história.

Assim, estamos diante de um ato revolucionário, um ato de empoderamento, de reconstrução de narrativas tortuosas sobre nós, nos colocando em primeira pessoa, como donas da nossa narrativa para contar ao mundo.

Não é fácil ser quem se é. Como diz Marcela: "O mais importante você já fez, se encontrou enquanto tantos outros e outras permanecem perdidos". No entanto, sempre temos um preço a pagar por isso. A história de travestis e transexuais é muito parecida e se esbarra em vários pontos. Quando uma travesti conta a sua história, ela conta a história de muitas outras. As nossas histórias se repetem exatamente pela forma como a sociedade lida com o nosso corpo. Então, quando uma travesti conta sua história, ela não está contando apenas um relato de si, mas um relato muito comum na sua comunidade, entre as suas, e que milhares de nós nos identificamos ao ouvir.

Eu ainda não escrevi um livro (eu disse AINDA, hahaha), mas costumo contar a minha história repetidas vezes na tentativa de transformar a sociedade. Ao contarmos e repetirmos nossas histórias, estamos nos curando das feridas que trazemos, mas também estamos tentando mudar a ordem das coisas para que elas não se repitam mais. Assim como Marcela sempre foi Marcela, eu também sempre fui Erika. Durante a minha infância, tive muita liberdade para ser quem eu era. Apesar disso, chegando à adolescência, o fundamentalismo religioso contaminou minha família e fez com que eu passasse a ser rejeitada e expulsa de casa aos 14 anos. Sofri todos os horrores da rua, do abandono, da prostituição, da miséria, da pobreza, mas nunca cansei de acreditar nas transformações sociais que eram e são importantes, e sigo batalhando, apesar de todos os desafios. Minha mãe costuma dizer uma coisa sobre esse período que eu acho muito bonita. Ela diz que, se ela pudesse, ela me colocaria de volta no útero dela para que eu não tivesse que passar por nada daquilo que passei. Depois de alguns anos e muita reflexão, fui acolhida de volta por ela e, graças às oportunidades que tive, ao amparo da família e à base da minha infância, pude me reconstruir e me colocar como uma liderança dentro do movimento LGBTQIA+ para formular políticas com muita vontade de transformar o mundo em que vivemos.

Eu vivi a história genérica das travestis. Sabemos que há um processo geral e genérico, mas também sabemos que há suas particularidades. Quando contamos nossas histórias, nós transcendemos esse lugar, porque estamos falando de uma identidade que é tratada pela sociedade e com a qual ela lida de uma forma estereotipada e repetitiva. A trajetória de Marcela foi um pouco diferente e possibilitou que ela alcançasse outros espaços de representatividade e liderança, que orgulha a todas nós. E é importantíssimo também que tenhamos essas narrativas fora da curva, que não apenas reforçam os estigmas de exclusão, dor e sofrimento. Mesmo com as diferenças, consigo perceber que sempre temos em comum em nossos caminhos o fantasma da rejeição e do abandono e a luta para afirmar a nossa identidade e ser quem somos.

Esta autobiografia inspira a todas nós a revivermos nossas trajetórias, contarmos nossas histórias e nos reafirmarmos como mulheres e como sujeitas de direito. Desejo que um dia todas nós tenhamos a oportunidade de elaborar as nossas vivências e transformá-las em memórias de pessoas plenas, em pleno exercício da liberdade.

Erika Hilton

É a primeira Deputada Federal negra e trans eleita na história do Brasil. Em SP, teve 256.903 votos, sendo a 9ª mais votada do estado.

Por dois anos foi a presidenta da Comissão de Direitos Humanos da Câmara Municipal de São Paulo, na condição de primeira vereadora transvestigênere a ser eleita para o legislativo municipal paulistano. Em 2020, ela foi a mulher mais bem votada ao legislativo, em todo Brasil.

Ativista pelas causas LGBTQIA+, antirracista e feminista, em 2021, entrou para a lista das 100 pessoas afrodescendentes mais influentes do mundo, sendo a única política brasileira na lista deste ano. Foi eleita como uma das 20 líderes da nova geração pela revista TIME e uma das cinco ativistas globais premiadas pela luta na defesa da comunidade LGBTQIA+ pelo MTV European Music Awards.

APRESENTAÇÃO

A vantagem de escrever a sua autobiografia é que você pode usar o processo para se rever, se redescobrir e também de dizer às pessoas quem você realmente é. Somos analisados e pré-julgados diariamente. Às vezes, o julgamento leva apenas um olhar e estamos aprovados ou jogados na zona de reprovação, eu quero mais, quero poder dizer a quem me olha e a quem me conhece superficialmente quem realmente é Marcela Bosa, ou simplesmente Ma para os Paulistas, e como foi a minha construção como pessoa e mulher.

Pensei muito antes de começar este livro, já achava que ele era necessário pra mim, como palestrante, e seria mais uma forma de me apresentar e dar solidez ao que apresento e represento, mas a vida é corrida e esse projeto foi sendo deixado na gaveta. Até uma certa noite em que estava bebendo com uma amiga e comentamos sobre a participação da cantora e compositora Linn da Quebrada no BBB, fizemos uma análise sobre a falta de tato no uso do pronome e isso trouxe tantas outras coisas a se analisar e discutir, das perguntas mais impróprias que se fazem às pessoas trans, da falta de sensação de segurança até a dificuldade que as pessoas têm em nos ver como algo além de apenas um fetiche.

Nessa conversa, me lembrei das dúvidas, ansiedades e da total confusão antes da autodescoberta e do início de minha jornada enquanto Marcela. Na minha época não existia muita informação sobre o tema, a internet não era tão acessível, a história mais próxima que eu me lembro era a da Roberta Close que aparecia em programas de televisão e revistas e, muitas vezes, era descrita erroneamente como sendo "hermafrodita", talvez por isso lá atrás, na cabeça de muita gente, fosse desculpável se chamar uma mulher trans de "ele". Hoje não é mais, e se mesmo com tanta informação disponível, com tantos artistas e tantas pessoas dando a cara a tapa para que se tenha cada vez mais respeito pela pessoa trans, ainda vemos cenas tristes como a que se passou com a Linn, então ainda é um assunto que precisa estar em pauta, mas como?

Cheguei a pensar em criar um pequeno guia com o que não dizer e o que não fazer para colegas, amigos e familiares de pessoas trans, mas, além de parecer meio soberbo, me fez perceber que talvez contar a minha história possa fazer alguém se encontrar, se entender e se no meio do caminho eu conseguir dar pequenos toques para os mal informados, vai ser um baita bônus, decidi, por fim, contar a minha história de forma transparente.

Não que eu queira conduzir ou ensinar ninguém, mas talvez alguém perdido possa encontrar na minha história um pequeno guia para se encontrar também. E não tem nada mais libertador do que se encontrar e se sentir à vontade com você mesma. Nada é mais precioso do que se olhar no espelho e se reconhecer naqueles olhos, naquela boca, naquele cabelo e naquele corpo.

Apesar de o processo poder ser solitário e doloroso, é como se depois de passar anos precisando de máscara de oxigênio para respirar, com pulmões que não funcionam bem, eu finalmente pudesse respirar fundo, sem auxílio, sem desespero, não lhe garanto que seja sem medo, porque, hoje, meus medos são outros. Medo da violência gratuita, do abandono familiar, dos empecilhos profissionais, da dificuldade de ter um relacionamento amoroso para constituir uma família e tantos outros pequenos medos que se agigantam com a liberdade recém-descoberta, com o bem-estar e amor-próprio que antes eu mesma me negava, sem saber exatamente do que precisava.

Ter pais héteros, casados, católicos, irmãs e uma família tradicional, digamos assim, não impediu que eu me encontrasse enquanto mulher trans. Talvez o medo da desaprovação tenha retardado o meu processo de autodescoberta, mas não impediu e hoje eu sei que nada impediria, porque é quem eu sou.

Carrego a minha base educacional e religiosa como o meu porto seguro, às vezes, é justamente o meu carrasco, mas a minha fé em Deus não me deixa duvidar do meu direito de ser, é o meu amparo nos momentos mais difíceis e se as pessoas não estão comigo por esse ou aquele motivo, Deus está.

Foi por reconhecer que ser uma mulher trans graduada, concursada em um banco de grande porte e ter um cargo de gerência não é considerado comum, e por saber o quanto isso é triste, que eu queria dizer para aquela menina trans, aquele menino trans, expulso de casa antes de completar o ensino médio, antes de ter um emprego fixo, antes de poder entender pelo menos um pouco como o mundo e as pessoas funcionam, que não importa em que ponto da vida você esteja, não importa o que você faz hoje para sobreviver de forma honesta, com o apoio que te negaram, você, e só você, podia e ainda pode ser mais, ir além, se superar e chegar onde você quiser, porque o mais importante você já fez: se encontrou enquanto tantos outros e outras permanecem perdidos. Naturalizar o trabalho e o estudo da pessoa trans é um passo importante para se ter uma sociedade mais justa para quem sai perdendo, e muito, quando apenas aceita ser quem é, e essa é uma das minhas lutas.

E por fim, foi dessa conversa regada a vinho, a BBB e Linn da quebrada que veio de vez a decisão de tirar o projeto deste livro do fundo da gaveta. As visitas ao passado me garantiram uma ida ao neurologista, porque, para meu espanto, a minha memória é terrível, então vamos fazer valer a pena, espero que no final da leitura você me conheça tão bem quanto eu!

Marcela Bosa

ou como insistem os paulistas

Ma

SUMÁRIO

PARTE 01

MINHAS ORIGENS 21
DIAS DE SOL 27
TOCA DA MARLI 30
CASOS DE FAMÍLIA 37
NO MUNDO DA LUA 42
MINHA COMIDA FAVORITA É RISOTO! 52
UM ANEL PARA A SOCIEDADE AGRADAR 56
QUEM EU ERA? 71

PARTE 02

PRIMEIROS GRANDES PASSOS 77
O GRANDE DIA 90
VIDA NOVA, MESMO MUNDO 103
DO OUTRO LADO DO MUNDO 108
MAIS DO QUE UM PAPEL 120
NÃO SOU APENAS UM PEDAÇO DE CARNE 125
AMIZADES 131
   Anjo 1 132
   Anjo 2 132
   Anjo 3 133
   Anjo 4 134
CHOQUE DE REALIDADE 136
PONTO FINAL COM INÍCIO DE NOVO CAPÍTULO 152

UM CANTINHO APENAS PARA AS BEST 156

A QUEM UM DIA EU FUI 161

PARTE 01

MINHAS ORIGENS

"Talvez um pouco antes de eu tentar descrever a minha pessoa, seja importante eu descrever minhas origens familiares e, com isso, já desmistificar vários mitos que podem aparecer. Ser uma pessoa LGBTQIAPN+, não tem relação com nossa criação e é independente de base familiar ou cultural, ninguém escolhe ser o que é e muito menos muda repentinamente. Fato é que cada pessoa demora um determinado tempo para se entender, por diversas questões e dominadas pelo medo, boa parte dessa população realmente opta por viver dentro do armário."

Meu pai é de descendência Italiana nascido em Curitiba, morou em vários lugares, passou no concurso de um grande banco com vinte e poucos anos e por isso viajou e morou em várias cidades do sul do país, mas cresceu no bairro Água Verde, em Curitiba, junto com seus pais, quatro irmãos e uma irmã.

Meu pai conta que meu avô era um homem muito duro, trabalhava na ferrovia e que ele teve uma criação muito rígida, uma das coisas que ele nos contava era que, durante uma refeição, meu avô comia primeiro e depois todo mundo se servia, ou como uma vez ele foi para a missa e meu avô cismou que ele não tinha ido e o colocou de castigo, o que fez com que meu pai não fosse à missa por muitos anos, ou como, mesmo não gostando, ele era obrigado a comer polenta, o que causou um trauma tão grande que ele ainda hoje não consegue nem sentir o cheiro. Querendo ou não, somos, sim, em grande parte, produto do meio em que vivemos, e entendo que a criação do meu pai fez com que ele reproduzisse partes desses traumas na criação dos filhos que ele teve. Não conheci o meu avô, apenas a minha avó paterna, e infelizmente os poucos relatos que me lembro do meu pai contar sobre ele, são sempre sobre a rigidez de sua criação.

Minha avó paterna foi a que eu conheci melhor e por quem eu guardo um grande carinho, mas na convivência com ela se percebia que existia uma relação familiar fechada, um pouco conflituosa até. Muita coisa acontecia, mas pouco se falava sobre assuntos familiares. Lembro bem de seus pudins de leite condensado, os favoritos de meu pai. Lembro da casa grande de madeira que rangia ao se caminhar por ela e do grande quintal repleto de plantas e hortaliças, principalmente chuchu que crescia nos muros da casa.

Por mais estranho que possa parecer, eu me lembro bem de dois álbuns de fotos dela, aqueles com folhas grandes e cobertos por um plástico, o que poderia até ser algo comum, se não fosse por eles estarem repletos de "santinhos" de enterros que ela já tinha ido. Minha avó revia esses álbuns com frequência com um pouco de saudosismo, ela costumava dizer que estava fazendo hora extra na terra, considerando a sua idade e que boa parte de seus conhecidos já não se encontravam mais entre nós. Meu pai não manteve o costume de fazer álbuns com santinhos, mas gosta muito de caminhar pelos cemitérios de Curitiba, vendo as lápides e inscrições de pessoas conhecidas. Uma das coisas que eu definitivamente não puxei para o meu pai foi a excelente memória.

Minha mãe é de origem Lapiana, uma cidade histórica no interior do Paraná, por conta do cerco da Lapa que ocorreu durante a revolução federalista, de 1894, o centro da Lapa foi banhado por muito sangue na época e até hoje ostenta em suas entradas canhões de infantaria para simbolizar bem todo seu passado.

Ela era de origem mais humilde, através das nossas conversas na mesa da cozinha, soube que ela passou por dificuldades financeiras na infância, minha avó materna faleceu quando eu ainda era muito nova, penso que eu devia ter uns quatro anos, e com isso tenho bem poucas lembranças dela, meu avô materno faleceu antes de eu nascer. Minha mãe, pelo que eu percebo, não guardou tantos traumas da infância e levou os momentos difíceis como aprendizado e fatos da vida, ela contava as situações difíceis, mas dizia ter superado. Por ser a caçula, ela acabou por ter um pouco mais de oportunidade, devido aos irmãos mais velhos já serem crescidos, alguns, inclusive, ajudavam financeiramente nas despesas da casa.

Mesmo com toda dificuldade, boa parte dos relatos são sempre de histórias curiosas, de um tempo em que ter geladeira ainda era artigo de luxo por ser extremamente caro e ter uma televisão em casa era algo reservado para a nata da sociedade. Só foram desmamar ela, por ser a caçula, depois de ter passado muitos anos de vida e, em uma época que não se tinha tanto conhecimento dos malefícios do cigarro, meus avós achavam bonito aos dois anos de idade colocar a minha mãe ao lado do fogão à lenha, para fumar um cigarro feito de fumo de corda, que felizmente ela não herdou esse vício.

Era muito comum, também, as pessoas com maior poder aquisitivo terem muitos afilhados, tradição muito antiga e alinhada com as tradições da Igreja, e que em muitos lugares ainda é costume. Durante os períodos festivos, enquanto outras afilhadas ganhavam bonecas e brinquedos da época, para a minha mãe e minha tia eram reservados as roupas e calçados. Não via mágoa ou tristeza nos olhos da mãe ao contar tais fatos, mas entendo como pode ser traumático algumas situações que passamos na vida. Muitos anos depois, já durante minha vida adulta, lembro que minha mãe encontrou uma foto de infância, e ao mostrar essa foto tão rara para uma tia minha, a primeira coisa que ela reparou foi que era a única que estava descalça e isso parecia trazer memórias dolorosas.

Na época em que meus pais se conheceram, meu pai já trabalhava no banco e atuava como fiscal, vale lembrar que na época ser bancário era uma coisa de muito prestígio e, como fiscal do banco, ele viajava muito e, nas cidades que ele chegava, era considerado um partidão, o sonho de todos os pais para casarem suas filhas.

Existiam os grêmios estudantis de dança e meu pai viu minha mãe em um deles e, talvez como em um conto de fadas, decidiram ser um só e começar uma família, ficaram noivos por aproximadamente dois anos.

Na época que meus pais se conheceram, minha mãe trabalhava no mercado Zum-Zum, acredito que tinha muitas aspirações por ser muito nova, mas, após o casamento, minha mãe não pode mais trabalhar, sua função seria a de dona da casa, esposa e, posteriormente, mãe. Nunca conversei com ela sobre como ela se sentia sobre isso, se ela achou que poderia fazer diferente em algum momento dentro do casamento, mas a realidade dela, e a de muitas moças da sua geração, incentivadas a obedecer o marido, era viver exclusivamente para os outros. Acho válido lembrar também que, devido à época e à grande influência religiosa e moral da região, a virgindade das mulheres não era apenas algo superestimado, mas também era exigido que fosse preservada, diferente do que era, e ainda é, cobrado dos homens.

Um homem não precisava chegar virgem ao casamento, na verdade, seria visto com grande estranheza, já a mulher precisava chegar intocada ao altar, correndo o risco de ter o casamento cancelado pelo noivo se descobrisse o contrário.

E foi dessa união que saíram três filhas, sendo eu a filha do meio com uma diferença de aproximadamente cinco anos entre cada uma. O engraçado é que, apesar de harmônica, não me recordo se nossa relação era tão próxima. Talvez pela diferença de idade ou mesmo pela minha criação, enquanto era considerada um menino por todos. Existia essa separação até mesmo nos quartos, eu tinha um quarto e elas dividiam outro.

As lembranças que tenho com elas são sempre na casa do meu tio ou então jogando Banco Imobiliário e, por incrível que pareça, levo uma lição para a vida desses momentos. Minha irmã ganhava sempre, e só depois de muito tempo, me dei conta que era porque eu que era muito nova e inocente, não conhecia as regras e não lia o manual, dando margem para adaptações que sempre me prejudicavam, por isso, faço questão de conhecer as regras de antemão sempre que vou jogar alguma coisa. Confesso que eu podia ser ruim no Banco Imobiliário, mesmo porque eu só tinha oito anos.

A criação dos meus pais, é claro, teve uma grande influência para todo mundo, o fato de eu ser uma criança introvertida também pode ter propiciado para que não fôssemos assim tão ligadas, mas é algo que pretendo resgatar, e oportunamente para as próximas edições deste livro, espero conseguir trazer mais detalhes e lembranças que ajudem em um melhor entendimento da minha relação com elas.

Essa é a minha base familiar e eu posso dizer que até bem conservadora ou a "família tradicional brasileira", repleta de muitos preconceitos e mitos, que se considera um exemplo dentro da sociedade, inclusive meus pais estão casados até hoje. Diferente do que muita gente pensa, vim, portanto, de uma família comum, vemos aí que não existe fundamento na associação de pessoas LGBTQIAPN+ com bases familiares desestruturadas, o que acontece é que, na maioria das vezes, mesmo sendo uma família comum, bem estruturada, somos relegados ao esquecimento, abandonados quase sempre pela família que deveria nos apoiar, talvez por isso se tenha a impressão que pessoas trans são pessoas de lares desfeitos ou disfuncionais, não, na maioria das vezes, apenas fomos expulsos ou abandonados por esses lares, quando entendemos quem somos e nos mostramos para o mundo.

Quando somamos tudo isso sobre a minha família e o fato que, tradicionalmente, o pessoal do sul do país já é um pouco mais conservador e que, portanto, muitos assuntos são verdadeiros tabus e o povo da minha região, já não tem uma fama de ser muito simpático, influenciados talvez pela descendência europeia, nos tornamos um povo um pouco mais fechado, que estranha se você der bom dia, por exemplo, e não estou exagerando na parte do bom dia, acho que fica um pouco mais fácil de entender o quanto foi difícil me reconhecer e me aceitar.

DIAS DE SOL

"Uma pergunta que escuto com grande frequência é: com quantos anos você virou trans ou se descobriu mulher? É difícil colocar uma data específica para isso, mas sei que desde a minha primeira infância, por volta dos 5 ou 6 anos, já tinha grande curiosidade sobre os elementos que compunham o universo feminino, pelo menos aqueles que eu acreditava que eram do universo feminino.

Não é toda pessoa que gosta de ficar revivendo o passado, e com as pessoas trans isso não é diferente. Evite fazer perguntas do gênero ou esperem ter intimidade com a pessoa o suficiente para assim o fazer. Para a grande maioria, as histórias da infância são repletas de dor e sofrimento, e é nessa fase que se começam as primeiras violências psicológicas e físicas. Não raro, por exemplo, meninos apanham para virar homens, lembrando que normalmente as meninas são cobradas para serem mais femininas, mas é mais difícil de apanhar por isso, enquanto para os meninos essa cobrança vem em forma de agressão física com mais facilidade."

Logo após meu nascimento, e até os dez anos de vida, vivi em cidades praianas ou próximas do mar, sempre no estado de Santa Catarina, e ali estão boa parte das minhas primeiras lembranças.

Meu pai trabalhou por um tempo no banco com processamento noturno na cidade de Itajaí, isso em um tempo que ainda não existia cartão de crédito e ter um talão de cheque era prova de status, e com isso tínhamos a chance de ir para praia quase todo dia. Não rara as vezes, íamos em cinco pessoas em uma única moto para a praia, eu em cima do tanque, minhas duas irmãs entre meu pai e minha mãe, com minha mãe carregando um isopor com comidas e guarda-sol. Lembrando que os tempos eram outros, então, jovens, não andem com cinco pessoas em cima de uma moto.

Digo com alegria que essa foi minha fase de "farofeira", não éramos ricos, mas são momentos que, mesmo vagamente, me lembro bem. Conhecemos praticamente todas as praias próximas a Balneário Camboriú, inclusive a praia do Pinho, que era uma praia de nudismo não muito famosa na época. Fato que ainda me intriga, saber que mesmo com tanto conservadorismo, não se via problema em ir em praia de nudismo eventualmente com a família.

Mais ou menos quando eu tinha cinco anos, fomos para Blumenau, cidade típica alemã que fica um pouco mais longe do litoral, então não era possível ir à praia diariamente. Em pouco tempo, meu pai comprou um pequeno apartamento em Balneário Camboriú, daqueles bem pequenos mesmo, com apenas um quarto, cozinha e sala conjugada, posso tranquilamente dizer que ali tive os primeiros contatos com quem eu queria ser. Apesar de ser pequena, era muito comum reunir bastante gente nesse "apertamento", vinham parentes de outras cidades e estados, chegando a ter até vinte pessoas de uma vez, todo mundo se arranjava com colchões pelo chão, e mesmo que por poucos dias ao ano, foram momentos maravilhosos.

Com grande frequência e por teimosia em não querer usar o filtro solar, mesmo sendo algo de muita importância, após alguns dias de exposição prolongada ao sol, eu sempre queimava as costas bem mais do que deveria e posso por assim dizer que ficava inteirinha rosada, antes de começar a descascar. Mas o que poderia ser até algo negativo, porque eu era obrigada a ficar sozinha no apartamento enquanto o restante do pessoal ia para a praia, devido às queimaduras, se tornava algo incrível, acho que possivelmente já tinha ali um pouco de autossabotagem.

Durante boa parte do ano, o apartamento ficava alugado de maneira fixa para estudantes e pessoas que moravam na cidade. Os pertences às vezes ficavam em um pequeno armário de madeira ao lado do banheiro, e ali já tinha minha primeira oportunidade de contato direto com o universo feminino que eu tanto sonhava. Lembro com exatidão da forma, cor e talvez até o cheiro de um tamanco de uns oito cm de altura e que, mesmo ficando um pouco largo, me fez sentir como uma princesa de contos de fadas ao encontrar seu sapatinho de cristal. Esse êxtase de alegria e adrenalina, misturado com medo e aflição, era algo que até então nunca havia sentido e que, mesmo com todos esses sentimentos, ousei abrir a porta do apartamento e andar pelos corredores do prédio. Talvez como um primeiro pedido de socorro de uma criança ainda se descobrindo, desejava ali ser vista e compreendida, e, ao mesmo tempo, sempre com muito medo do que poderia acontecer se me pegassem.

Hoje em dia, após muita terapia e autorreflexão, já consegui me perdoar por não ter conseguido ter a coragem que precisava até os meus trinta e um anos. Não foi uma trajetória fácil, mas fico feliz de ver que eu consegui, e hoje estou aqui para contar minha história.

TOCA DA MARLI

"Não tenho filhos, mas acredito que estar aberta ao que eles têm a dizer é importante, estar pronta para acolher independentemente do que aconteça com eles e ser efetivamente o ponto de apoio é fundamental, a criação não é apenas alimentar e vestir e, nessa questão da identidade de gênero, não se trata de incentivar ou estimular, até porque o máximo que pode acontecer é que esse entendimento da pessoa demore mais a acontecer, trazendo um prejuízo muito grande ao indivíduo. Achar que seus pais te amariam mais se você confessasse um crime do que você dizer que não se identifica com o seu gênero de nascimento é no mínimo cruel e traz um grande medo de desapontar todos ao nosso redor, o que prejudica os nossos limites pessoais."

Uma das grandes vontades da minha mãe sempre foi ter um sítio no interior, algo pequeno, mas que desse para criar algumas galinhas e cultivar uma pequena horta e, quem sabe, até ter alguns peixes para pescar, e felizmente quando voltamos para Curitiba, nessa época eu já estava com quase doze anos, isso se tornou realidade. Algo pequeno mesmo, de aproximadamente um hectare e que foi carinhosamente apelidado de toca da Marli, na Declaração de Imposto sobre a Propriedade Territorial rural do meu pai.

Eu acredito que essa vivência na chácara foi uma parte importante da minha construção como pessoa. A chácara me trouxe, aos treze ou quatorze anos, a possibilidade de adquirir meu primeiro bem, por assim dizer, com o dinheiro da poupança que minha avó tinha deixado para os netos. Comprei uma égua de raça petiça, uma raça de pequeno porte, pouca coisa maior que um pônei, que, colocado em valores atuais, ela ficaria próximo da metade de um salário-mínimo.

Ao me lembrar disso, percebo que eu sempre tive muito forte o amor pelos animais mais sofridos, essa égua que eu comprei tinha puxado carroça muito tempo e na chácara ela só dormia e comia pão. Pegávamos pão adormecido em uma padaria próxima, e ela se deliciava parecendo que estava comendo chocolate. Montei nela poucas vezes, mas era ali meu primeiro investimento, meus pais me deram uma cela que custou mais que ela, mas eu era dona de uma égua chamada Boneca.

A Boneca já foi comprada com esse nome e era muito inteligente, ela deve ter percebido que eu não manjava muito de montar, porque, sempre que eu tentava, ela mordia minhas pernas e, se eu conseguisse montar, ela tentava me derrubar, se jogando na direção de uma cerca que tinha na chácara ou nos Pinheiros, pode também ser por isso que eu não montei muito nela.

Foi uma fase bem interessante, meus pais iam praticamente todo fim de semana para a Toca, e durante alguns desses finais de semana, eu ficava em Curitiba. Início da adolescência, um turbilhão de pensamentos e eu ainda tentando entender onde que eu me encaixa e qual era a minha função em todo esse espetáculo montado pela sociedade. Mesmo com muita vergonha e timidez, já se começam as pressões para perder o famoso BV ou Beijo Virgem e, logicamente, a pressão social para desde cedo já desempenhar o papel de garanhão. Em meio a tudo isso, parecia que tudo ficava ainda mais confuso, e eu continuava sem ter a quem recorrer.

Nesses fins de semana sozinha, havia a oportunidade de usar algumas poucas peças de roupa da minha irmã mais velha, não era muita coisa, algo como uma rasteirinha e um conjunto de lingerie roxa que imitava uma renda. Como eu sabia que dificilmente chegaria alguém, eu conseguia aproveitar por várias horas aquela sensação e estendia ao máximo aquele momento, tendo como única testemunha o gato de família chamado Tom, e que bom que o Tom não podia falar. Não sei em qual das minhas mudanças perdi essas peças, mas sei que até pouco tempo atrás eu ainda tinha elas de recordação. Acho que nem preciso dizer o quanto esses momentos eram especiais.

Foi nessa época que eu desenvolvi também outras habilidades que tenho hoje, foi nessa chácara que comecei a ter contato com ferramentas diversas, algo que preservo e curto até hoje, não apenas por influência do meu pai, mas também por ser algo meu, que possibilitava gastar minha energia ali e desviar de pensamentos que até então eu achava errado por não compreender. Houve uma vez que meu pai precisou enterrar um cano de água, e com quatorze anos, peguei uma picareta, fiz uma vala de cem metros de um canto a outro. Ficou bom? Não, ficou uma porcaria, mas serviu, enterrei o cano e está lá até hoje. Cheguei a fazer um portão de madeira com mais de quatro metros de vão, que durou vários anos, meus cortes de serrote nunca ficavam em um ângulo reto perfeito, mas eu fazia e ficava funcional, sem contar que meu pai era um tanto quanto econômico e por isso eu tinha que ficar desentortando prego ao invés de usar um novo, era demorado, mas no final dava certo.

Era melhor que assistir TV com parabólica conectada no Canal Rural, porque se colocasse na Globo, pegava chiado.

Cheguei inclusive a fazer uma "Panebólica", que nada mais era do que duas panelas velhas, conectadas com um cabo analógico em um grande bambu para ficar bem alto e ligada na televisão. Tenho boas memórias das minhas engenhocas que nem sempre davam certo, algumas me causaram cicatrizes no corpo, mas que acredito que fazem parte de quem eu sou. Uma boa lembrança e oportunidade para dizer aos mais novos que antigamente não tinha internet em todos os lugares, ainda era algo bem restrito a ser usado entre a meia-noite e seis da manhã para cobrar apenas um pulso na linha telefônica, e mesmo baixar uma música era algo que podia demorar mais do que algumas horas. Era difícil, mas era divertido, ainda lembro de cabeça o barulho que fazia ao conectar a internet discada.

Às vezes, no final do dia, mesmo que o espaço na chácara não fosse grande, eu ia pegar pinhão no chão com a minha mãe para a noite assar no fogão à lenha, jantar, tomar um café. Sempre tive um vínculo muito forte com ela, eu tinha o hábito de contar sempre como tinha sido o meu dia. Como o meu pai trabalhava, era com ela que eu passava a maior parte do tempo. Gostávamos de ficar na mesa da cozinha, tomávamos leite com café passadinho no coador e sem nata. A idosa em mim diz apenas que eram bons tempos e que se eu pudesse teria comprado essa mesma chácara, apesar de ser na Lapa, super longe de onde moro hoje.

Sinto imenso prazer nessa cultura do faça você mesmo, do simples, e aprendi lá. A vivência do interior, mesmo que só aos fins de semana, fez parte do meu desenvolvimento, o brincar com terra, inserida nessa cultura *maker*, sempre esteve muito presente. Eu sempre morei em cidade pequena ou média durante o crescimento, morei em Blumenau, morei em Curitiba, que não é uma cidade pequena, mas que também não é uma cidade grande estilo São Paulo, e isso foi bom para mim, no sentido de fazer as coisas, acho que sempre foi algo meu, sempre gostei de criar, posso dizer que eu tenho pavor de coisas sistemáticas, não gosto de executar, porque foi assim que me mandaram fazer, eu gosto de criar formas de se fazer algo, de forma mais prática, de desenvolver alternativas, coisas que me inspiraram a escolher minha primeira faculdade, o curso de bacharelado em Física.

Desde criança, eu tenho isso de criar teorias de como fazer algo mais rápido, mesmo sem ter a menor base de que poderia dar certo digamos assim, e na maioria das vezes funcionava, e é isso que importa. E assim fui indo, sempre assistindo aos programas de ciência e lendo revistas do gênero, fui crescendo e me tornando quem eu sou.

Os aspectos da minha criação nesse ponto foram importantes, houve uma época que o meu pai trabalhava de madrugada, então, após o almoço a gente assistia ao jornal da Globo e depois não podia ter barulho, então cada um ficava no seu quarto para ler um livro ou fazer alguma coisa.

Uma psicóloga com quem eu fiz terapia uma época me falou algo interessante, que eu e minhas irmãs podíamos não ter sido tão estimuladas para o amor, para o carinho, aquela família com a mãe cheia de pintinho de baixo da asa, mas que, com certeza, tínhamos sido criados para o mundo e para sermos bons profissionais, éticos e responsáveis

Meu pai era bancário, hoje está aposentado, ele não foi um funcionário que fez carreira no banco, então não foi uma pessoa que colocou os filhos em colégios particulares super caros, porque não tinha essa condição financeira, mas sempre deu bons exemplos e principalmente nesse sentido.

A questão com o meu pai era mais essa visão machista, preconceituosa a respeito das coisas, e com a minha mãe existia uma necessidade de preservar o meu pai dos problemas, então ela criava uma barreira para que os problemas não chegassem nele. Hoje eu repenso um pouco se essa barreira era apenas em volta dele ou se, na verdade, minha mãe não teve que aprender a ser uma grande intermediadora, sem cartilha prévia, porque conviver com outra pessoa totalmente diferente de você e ser mãe não é fácil, te leva às raias da loucura e tudo isso sem manual de instrução. Para resolver as questões com os filhos, sem que chegassem no meu pai, a arma secreta da minha mãe era o "tamanco voador", se eu fizesse algo errado, sempre existia um tamanco que encontraria a minha perna, se o meu pai batesse é porque a coisa tinha sido mais séria, não vou dizer que apanhei umas cem vezes dele, mas umas cinquenta talvez, trinta no mínimo, e a parte complicada, a parte que eu acho errada, é que eu não podia chorar quando apanhava do meu pai, porque, se chorasse, apanhava mais.

Eu não sou psicóloga, não sou psiquiatra, não tenho nenhuma formação na área, imagino que isso não deve ser muito bom não, porque não cicatriza essa dor e também você não entende o que fez de errado. E com todas essas questões, ficava óbvio que qualquer tipo de problema que eu tivesse não poderia me abrir e falar dos meus anseios, sendo assim, guardei todos eles com as minhas incertezas dentro de mim, mesmo que tenha tido um custo muito elevado.

Eu não sabia quem eu era e nem me dava ao direito de achar que estava sofrendo, eu não tinha certeza das coisas dentro de mim e precisava de ajuda, o que, infelizmente, só fui buscar depois dos vinte e cinco anos. Poderia ter tido coragem de enfrentar tudo antes, sim, mas a que custo? Sendo que nem eu sabia quem eu era ou o que eu queria. E essa culpa de nunca ter tido coragem foi algo que me perseguiu por muito tempo.

Acho que se fosse possível voltar e dar um recado para a Marcela que ainda não se chamava Marcela, seria o seguinte "tenha calma, você não é um monstro e nem é o coco da mosca que pousou no coco do cavalo do bandido, tudo irá passar, e não se culpe tanto. Deus te ama e não te fez para você viver infeliz".

CASOS DE FAMÍLIA

"As bases familiares nos alicerçam ao longo da vida, são nosso norte, e são os bons momentos que nos fazem ter força para atravessar os maus, quase como uma certeza de que, se os bons momentos não duram para sempre, os maus também não. Mas são também esses laços que, ao serem rompidos de forma brusca, nos deixam com um vazio desesperador, estar sozinha, por escolha é algo que conseguimos trabalhar, ser sozinha porque nos evitam não tem como ser trabalhado, é arquivar no coração e seguir em frente, torcendo para que algo mude, para que as pessoas entendam que ainda somos as mesmas pessoas que elas viram crescer, afinal, sempre estivemos ali, mesmo antes de entender nossa identidade de gênero."

Minha família, durante grande parte da minha primeira infância, morou em Santa Catarina, e como era um pouco longe da cidade de origem dos meus pais, a tradição era uma ou duas vezes por ano ir para Curitiba ficar na casa do meu tio Ivo e, nesse meio tempo, nós íamos para a Lapa para visitar os parentes da minha mãe. Eu me lembro que eu tive a oportunidade de ver a terra da minha mãe, também conhecer os parentes da parte materna, mas o restante era apenas visita de médico, íamos até a casa de um, tomávamos café, íamos até a casa de outro, conversávamos um pouco, era corrido, porque era um final de semana para visitar todo mundo.

Íamos no sábado, dormíamos em Curitiba, depois voltávamos para Blumenau, Itajaí. No sábado à noite, tinha baralho, são lembranças que eu tenho bastante nítidas e tenho a lembrança que eu sempre joguei bem e que nunca roubei no baralho, isso eu posso afirmar, embora todos os meus parentes digam que eu trapaceava e roubava, não, eu tinha sorte, além da sorte, eu tinha um bom raciocínio lógico e jogava muito bem canastra, que nada mais é que um jogo com objetivo de formar sequências com as cartas de baralho, portanto, embora meu tio sempre dissesse que eu olhava, é mentira e eu tenho a consciência tranquila.

As lembranças dos jogos de baralho são muito felizes, não sei se por ser raro esse contato, poucas vezes por ano, mas eram muito leves, divertidos e muitas conversas importantes acabaram acontecendo em volta da mesa de baralho ao longo dos anos. O contato com os parentes do meu pai era ainda menor, mas visitamos a minha avó, isso quando eu tinha de cinco a dez anos, inclusive, de acordo com os meus pais, eles me deixavam com a minha avó para poder ir jogar baralho e na casa dela eu comia pudim, por algum motivo que eu não sei explicar, peguei trauma de pudim de leite, acho que só voltei a comer recentemente, mas não sei se tem algo a ver com o pudim que a minha avó fazia.

Posso dizer que peguei o finalzinho da era das cartas, minha irmã mais velha tinha até coleção de papel de carta, tinha de todos os tipos possíveis, e a graça era justamente essa, juntar a maior variedade possível de tipos e usar em ocasiões especiais. Minha tia por parte de pai, por muito, tempo, morou na Itália, tinha ido como freira e mantinha contato com a gente através dessas cartas.

Não tinha outra forma de comunicação além dessa, então a tia Vânia mandava uma carta de duas páginas com trechos direcionados individualmente, minha mãe respondia, mas colocava cada filha para escrever um parágrafo, contando com quantos anos estava, o que tinha feito, o que ia fazer, que estávamos todos bem, me lembro que começava com "Querida tia Vânia, como você vai?" e terminava com "saudades da tia". O legal é que, quando ela respondia, fazia questão de sempre responder para cada uma, inclusive com pedaços na carta direcionada somente para os adultos.

Os leitores do livro vão poder voltar um pouco no tempo quando ligação telefônica internacional não era algo comum como é hoje, além de ser muito caro, por muito tempo ter um telefone também era prova de status, chegando a custar o preço de um carro, diferente de hoje que usamos o WhatsApp quase de graça. Na época, mesmo a carta tinha que ter até dez gramas ou então ficava cara para enviar, além de levar semanas e semanas para chegar.

De outros tios por parte de pai me recordo muito pouco e, por parte da minha mãe, tinha minha tia Nilda que fazia salgados e que é a mãe de uma das minhas primas mais próximas, é uma pessoa que eu tenho grande carinho, até hoje é uma das poucas que nunca virou a cara para mim quando eu contei a minha história. Tínhamos esse contato na casa da minha tia, depois de jogar baralho, almoçávamos e dormíamos logo em seguida. Ela fazia umas coxas de frango e umas costelas divinas, detalhe que eu lembro muito das comidas, meu tio Ivo acho que faleceu quando eu tinha dezesseis anos, me lembro que foi bem ruim, faleceu de câncer, e sinto muita falta dele, foi a primeira pessoa que faleceu próximo a mim, foi minha primeira grande perda, e descobri ali o peso do quanto a morte é definitiva e do quanto dói para quem fica.

Nesses encontros para o jogo de baralho, tinha um pessoal que não era parente direto mas que, por amizade e por consideração, se tornaram meus padrinhos de crisma, o senhor Luiz e a dona Terezinha, a maneira de se tornar parente direto foi por esse apadrinhamento.

Era muito divertido e, na casa da tia onde eram feitos os encontros para os jogos de baralho, sempre tinha bastante gatos, e ela não gostava de castrá-los, nunca entendi o porquê, por conta disso, a casa era dominada pelos bichanos. De tempos em tempos, alguma gata entrava no cio, e essa minha tia colocava a gata dentro de um quarto, com a porta fechada enquanto tinha gente na casa. Mas a gata ficava miando, e esse meu padrinho brincava traduzindo os miados para "me rasgueeee", só de lembrar, consigo escutar a voz dele. Tinha a piadinha de que estava cheio de penislongos voando, era piada de tiozão, mas com ele contando ficava engraçado, a mesa de baralho acabou sendo o centro de muitas coisas, jogávamos canastra, canastra não, tranca. Minha tia fazia um cuque de banana delicioso e, toda vez que ela colocava na mesa, meu pai contava a mesma piada: "banana no cuque que é bom", e eu nunca entendi, se tinha algo a ver com a sonoridade, mas todo mundo ria, menos eu.

É hora de contar uma diversão que eu tinha, acho que era uma pequena vingancinha com o meu pai, que era não rir das piadas dele. Eu acabei me tornando uma especialista em não rir de piada, eu e a minha irmã mais nova. Tinha uma que ele sempre contava que era assim: "Duas mulheres no campo plantando batata, quando uma vira para a outra com a batata na mão e diz: essa aqui lembra o meu marido. A outra pergunta: de grande? E ela: não, de suja". Pequena curiosidade é que o plantio de batata é muito forte no Paraná.

Eu devo ter ouvido essa piada um milhão de vezes, então sempre que ele contava minha diversão era não rir e perguntar: mas, e depois que ela falou isso, o que aconteceu? Eu sempre emendava a piada para mostrar que era sem graça. E depois sempre vinham as piadas pesadas e preconceituosas que eram bem características da visão que o meu pai tem.

NO MUNDO DA LUA

"Não importa se a sua criação foi dura, lembre-se que seus filhos podem sempre ser uma versão melhor ou pior de você, um menino gostar de coisas delicadas e consideradas de menina não significa que ele irá ter alguma questão com a identidade de gênero, essa menina que gosta de coisas consideradas masculinas também não, porque não temos certeza de quem somos, quem dirá de quem os outros são ou serão.

Uma criança que cresce com apoio, tendo o mínimo de liberdade para conversar com os pais, sem sentir que será punida por tudo e por nada, irá se tornar uma pessoa confiante, uma pessoa menos capaz de desistir de si e dos outros, capaz de identificar quando não deve se sentir culpada pelo mal que os outros possam lhe fazer, porque não foi plantado nela, o sentimento preliminar de culpa, é essa criança, esse adolescente que vai contar aos professores e aos pais se sofrer bullying, é esse adulto que, se discriminado, se injustiçado, vai colocar a boca no trombone e fazer valer o seu direito, o direito pelo seu espaço, o seu direito de existir, sem precisar de terapia, sem precisar perder mais da metade da sua vida pra se livrar de um sentimento de culpa tão grande que faz com que ela dê mais importância à ideia que as pessoas fazem dela do que a que ela mesma faz."

Prematura de oito meses, nasci de cesariana em Curitiba, em junho de 1985, meus pais moravam em uma cidade bem pequena e distante, uns quarenta km da capital. De acordo com relatos, sei que tive que ficar na incubadora e que, como não achavam minhas veias nos braços ou nas pequenas mãos, as injeções eram dadas na cabeça, e até hoje não sei se é verdade ou apenas uma história para me assustar. Algo que me recordo muito bem é que, quando íamos visitar alguns amigos dos meus pais em Contenda, tinha uma senhora que sempre contava a mesma história, de que, quando eu cheguei em casa após alguns dias na incubadora, ela achou que eu não vingaria e, por isso, orou muito pela minha saúde, e quando me via forte e saudável, ficava muito feliz de minha mãe ter alcançado a graça de ter tido a segunda filha, muito planejada e esperada.

Não sei ao certo com quantos anos temos nossas primeiras lembranças, e dentro desses meus pequenos traços de falta de memória, sei que sempre fui dorminhoca, várias fotos minhas de infância são *clicks* dormindo. Eu dormia na frente da televisão, na cadeira do barbeiro onde me colocavam sentada em cima de um monte de lista telefônica para cortar o cabelo, dormi até no dentista, aliás, dormia não, ainda durmo em tratamentos mais longos. Não nego que sempre fui um pouco desatenta e, embora isso possa parecer um grande defeito, hoje vejo como um mecanismo de defesa, pois aquilo que não vemos, escutamos ou sabemos acaba por não nos afetar.

Sempre fui uma boa aluna, sentava na frente e completei vários anos sem uma única falta, até mesmo quando tive catapora, o normal seria ficar uma semana em casa, fiquei com raiva pois fiquei apenas três dias. Não sei se é genético ou influência do meio, mas sempre gostei muito de física e matemática, sempre tive um certo pavor de português. Não diferente de boa parte das mães, a minha era bem exigente, se eu chegasse com um boletim repleto de nota nove, já vinha emendando o porquê não era tudo dez, considerando que eu não precisava trabalhar e tinha boas condições em casa. Mesmo para as notas dez, era meio que automático sair o "não fez mais que a sua obrigação". Entendo que isso fez parte de mim e, de certo modo, até hoje, tenho essa paixão pelos estudos, com exceção dos estudos em línguas.

Por ser filha de bancário, eu acabava me mudando bastante, e isso dificultava a criação de grandes laços de amizade com um convívio mais próximo com outras crianças, além das minhas irmãs, hoje vejo essas mudanças não apenas como empecilho, mas como algo também positivo, já que me proporcionou a possibilidade de conhecer muitos lugares.

Quando eu tinha quase seis anos, fomos para Blumenau, morávamos em uma casa ao lado de uma igreja, minha mãe, com seu senso comercial aguçado de dar inveja em muito vendedor, abriu rapidamente uma banca de doces, abria algumas vezes por semana, e foi ali que eu comecei a ter contato com dinheiro e aprendi a estudar para passar o tempo e, ainda, tinha a vantagem de que, quando não tinha ninguém vendo, eu podia comer um monte de doces de amendoim, porque era o mais difícil da minha mãe dar falta.

Aos poucos aprendi muitas coisas, como dar o troco, por exemplo, e a fazer conta. Eu tinha até um pequeno ordenado que eu usava quando tinha vontade de comprar alguma coisa na escola. E dentro desse senso comercial superaguçado, minha mãe abria no domingo apenas por alguns minutos para poder aproveitar o fluxo de pessoas na saída da missa.

Durante a minha infância, existiam poucas câmeras digitais, e o celular ainda era usado somente para ligações, sim, eu sou uma pequena jovem senhora. As fotografias mais acessíveis passavam por todo um processo, depois de tirar as fotos, retirávamos da máquina o filme que podia variar de doze a trinta e seis fotos, íamos até um estúdio onde elas seriam reveladas, e depois é que seriam entregues. Por isso, não era todo dia que tirávamos fotos, apenas em momentos especiais ou que se achasse extremamente necessário lembrar.

Em uma dessas fotos, eu estava em posição de sentido, na época eu era lobinha, no grupo de escoteiros Cruzeiro do Sul, e foi nessa foto que meus pais viram uma diferença bem nítida no tamanho de uma perna minha para a outra. Foi a foto que acendeu a dúvida nos meus pais, devido à minha idade, não era tão fácil assim de se perceber essa diferença, e com uma avaliação médica, a suspeita foi confirmada que tratava-se de um defeito genético, que fez com que uma das pernas não desenvolvesse de maneira similar a outra, e eu fui submetida a algumas intervenções cirúrgicas para corrigir.

Na época, mesmo os meus pais tendo convênio, optaram por procurar um cirurgião bem conhecido na região que se autointitulava o melhor ortopedista pediatra do sul do país. A cirurgia foi feita em Curitiba, em um hospital referência de cirurgias ortopédicas e que, inclusive, era o principal pronto-socorro da região na parte de fraturas, o que me impedia um pouco de dormir ali direito, devido ao grande fluxo de ambulâncias no prédio.

A cirurgia em questão, resumidamente, consistia em dividir o osso da tíbia em duas partes, com a fixação de dois pinos em cada lado, e do lado de fora um aparelho que todo dia manualmente se distanciava um milímetro, a ideia era alongar quase 4 centímetros e posteriormente repetir o procedimento no osso da coxa. Um procedimento um tanto quanto complexo e chato, principalmente para uma criança de dez anos, foram longos meses usando a famosa muleta sovaqueira, e não podendo encostar o pé no chão.

Ao todo, nesse processo, são três cirurgias, a segunda cirurgia foi feita para retirar o aparelho e depois a última para retirar os pinos que ficaram internos. Considerando que precisei operar a fimose com oito anos, só ali já eram quatro cirurgias até então. Os pós-operatórios demandam muito cuidado e eram muito incômodos, considerando o calor escaldante de Blumenau, às vezes, não aguentava de coceira e, como o gesso vinha até a coxa, me lembro de coçar dentro com uma agulha de tricô. Na hora do banho, outro ritual, não podia molhar o gesso, então era necessário colocar sacos e mais sacos em volta dele, para garantir que não molhasse ou entrasse água dentro, o que me gerava grande vergonha, pois dependia muito da minha mãe para me colocar no chuveiro e tirar.

Como minha irmã mais nova estudava em uma escola perto de casa, era um hábito da minha mãe buscar a gente, teve um dia que, por algum motivo, saímos mais cedo, e mesmo de muleta, inventei de ir sozinha para casa, até então, já estava bem habilidosa e morávamos a poucas quadras da escola. Infelizmente, tive um vislumbre do quão perversas podem ser as pessoas, enquanto eu andava, alguém passou e chutou a minha muleta, imediatamente tentei cair de maneira que eu não encostasse a perna no chão, correndo o risco de perder todo o processo da cirurgia, com isso praticamente dei de cara com o chão, mesmo sendo uma calçada com um certo movimento de pessoas, ninguém me ajudou e fui me arrastando até a beirada de um quintal para, enfim, conseguir me levantar e prosseguir meu caminho para casa.

Não sei o quanto de perversidade somos capazes, dizem que as crianças podem ser muito cruéis e temos tantos, mas tantos relatos de bullying que não deixam dúvida que a natureza humana nem sempre é das melhores, mas essa cena sempre me causou uma certa estranheza e se intensificou conforme fui crescendo, por nenhum adulto ter me ajudado também. Viram uma criança se arrastando e tudo bem, vida que segue. É uma lembrança bem estranha e até triste. Mas sei que não chorei, já tinha aprendido a não demonstrar sentimentos, não expressei minha dor e segui em frente, até mesmo porque teria que explicar para os meus pais, porque não tinha esperado minha mãe.

Foi um ano praticamente sem praticar educação física, apesar de nunca ter sido nenhum prodígio nos esportes, eu ainda me esforçava, gostava de basquete e tentava jogar futebol, mas nunca tive nenhuma aptidão, sofri o bullying tradicional de ser deixada para ser escolhida sempre por último na escolha dos times, justamente por não jogar bem. Mas nesse ano, por não poder praticar esportes, comecei a praticar xadrez, foi um jogo que o meu pai me ensinou e que, mesmo sem muita base, consigo ter um bom desempenho, inclusive mantenho uma pequena coleção de tabuleiros de xadrez até os dias de hoje.

Depois de concluído o arco das três cirurgias, depois de tirar o último gesso, percebemos que a cirurgia começou a apresentar problema, eu não conseguia flexionar o pé para cima. Como eu tive uma recuperação muito boa, o tendão esticou demais, somamos isso a um erro médico, que consistiu em o autointitulado melhor ortopedista pediátrico do sul do país se recusar a admitir que tinha errado naquele primeiro procedimento, se ele tivesse reconhecido, eu teria retornado rapidamente para uma outra cirurgia e talvez as consequências tivessem sido mais amenas, mas, como ele não fez isso, fiquei sem esse movimento, e vida que segue, com queda exponencial na qualidade de vida por um erro médico, mas que segue.

Voltamos ao médico e, mesmo com ele se recusando a reconhecer oficialmente que podia ter cometido algum erro durante os procedimentos, sempre mandando fazer mais inúmeras sessões de fisioterapia, tive que voltar para meu quinto procedimento cirúrgico, dessa vez, com um neurologista. A ideia era desobstruir alguns tendões na região do joelho, de modo a viabilizar a passagem de corrente elétrica na área afetada para recuperar o movimento. Costumo dizer que as chances da cirurgia dar certo eram de cinquenta por cento, deu certo? Não!

Fomos para um outro médico também em Curitiba, e agora o procedimento seria outro, no caso fazer a transposição de dois terços dos tendões responsáveis pelo movimento lateral e colocar na posição para fazer o pé subir e, com isso, recuperar o movimento. As chances para essa cirurgia dar certo eram de noventa por cento, deu certo? Não.

Inclusive por aí, o leitor pode notar minha mania de parametrizar tudo. Para cada cirurgia dessas, eu ficava no mínimo seis meses sem apoiar o pé no chão, para dar tempo para o tendão e o músculo se acomodarem no lugar, tinha o uso do gesso, mais o calor de Blumenau e mais a muleta que, de tanto usar, chegava a causar calo nas axilas. Mas foi decidido fazer outro procedimento usando os últimos um terço que tinha do tendão e passou para o lugar que deveria ser, implantou grampos de platina para ajudar na fixação, o médico aproveitou e travou o crescimento da minha outra perna, hoje eu teria, pelo menos, uns quatro centímetros a mais, só que a diferença entre as duas pernas também seria maior. Para essa cirurgia, a chance até subiria para uns noventa e cinco por cento, e pergunta se deu certo? Não!

Existiam outros procedimentos para tentar recuperar esse movimento, e meus pais com certeza iriam querer tentar, mas acho que foi em um dos meus primeiros grandes momentos de lucidez na infância que eu decidi que não iria mais fazer nenhuma cirurgia, eu me cansei e falei para os meus pais que eu não seria uma grande atleta, que eu não tinha aptidão e nem aspiração para ser jogadora de futebol ou de outro esporte de impacto e, por isso, pelo desconforto dos processos e também por ser pesado para uma criança, paramos por ali. Embora eu tenha errado na parte do esporte, hoje sou judoca faixa verde, com algumas medalhas em torneios locais e uma medalha de bronze em um torneio nacional, que inclusive, na fase adulta, irá gerar grandes histórias.

Fiquei com o que é chamado de a síndrome do pé caído e hoje eu ainda tenho uma perna maior do que a outra, utilizo palmilhas para compensar e tenho a sorte de estar no meu destino utilizar saltos, o que ameniza um pouco o efeito de eu não mexer um dos pés, para quase nada, devido à posição de ficar na ponta dos pés, existe a questão de, por ter um pé menor que o outro, dificultar o uso de scarpin, mas compenso de boa sempre usando saltos de amarração, e vou plena.

Quando alguma criança pergunta das minhas cicatrizes, geralmente gosto de iniciar contando alguma história mirabolante, como ter caído de paraquedas ou algo parecido, e depois digo a verdade. Já para meus amigos e colegas de trabalho, gosto de dizer que nossas marcas, nossas cicatrizes, são pequenos lembretes do que passamos na vida, e quando algo novo surge, já associo àquele momento e, portanto, sei que as cicatrizes na minha perna são a prova do que eu passei, apesar de não saber dizer com certeza como esses momentos me moldaram na vida adulta, de algum modo moldaram.

Eu sempre fui uma criança bem introvertida, mas eu sempre tive muita curiosidade e as minhas dúvidas sobre a minha sexualidade atrasaram diversas coisas, porque, se eu não me entendia enquanto pessoa, como eu ia me entender com os outros, como eu ia saber com quem eu queria e iria me relacionar? Desde pequena, eu sempre gostei muito de meninas, o que me confundia ainda mais, "então quer dizer que eu não sou um menino gay", a falta de entendimento de mim, enquanto ser humano, dificultava muito a minha integração e interesse pelo outro. Mesmo hoje, uma parte da população ainda não entende que orientação sexual não tem nada a ver com identidade de gênero, imagina a vinte, trinta anos atrás.

Nesse atraso, eu tinha dificuldades até com as gírias de quem era da minha idade, me recordo que já maiorzinha criaram uma musiquinha que me atazanava as ideias, que era "Bosa não goza", criança quando é para praticar bullying, capricha bem. Não vou dizer que na época eu era a única a sofrer bullying, tinham outras crianças e é inadmissível quando vem um adulto e diz: "mas na minha época, todo mundo xingava todo mundo, de preto, de gordo, de pobre, de feio, e não tenho nenhum trauma". Pra mim, é uma fala hipócrita e irresponsável, para as pessoas que pensam dessa forma, eu só tenho a dizer: fale por você apenas, e eu duvido que você passou por tudo isso e saiu sem nenhum trauma, a menos que você fosse o praticante de bullying. Então, não vamos deslegitimar o sentimento de quem passou por isso, não vou querer entrar na área da psicopedagogia e na psiquiatria, mas o bullying mata, o bullying causa feridas irreparáveis, existem crianças e adolescentes que se matam devido ao bullying, não é brincadeira, e se você tem essa visão de que o bullying não te matou e por isso não é nada demais, guarde para você e fale apenas por você, graças a Deus vivemos uma outra era e temos uma quantidade expressiva de pais e educadores que combatem com firmeza essa prática.

MINHA COMIDA FAVORITA É RISOTO!

"Vemos com frequência filmes de amor paterno e materno que chegam a nos indignar, pais que encobrem barbaridades cometidas pelos filhos, até mesmo crimes, para que esses não sejam presos, para que esses não tenham a vida destruída, pais capazes de sacrifícios homéricos pelos seus rebentos.

Dentro da minha linha lógica, se esses pais amam, o que sentem aqueles que colocam adolescentes, jovens em desenvolvimento, adultos que supostamente amaram e conheceram durante toda uma vida para fora de suas histórias como se jamais tivessem existido? O que sentem aqueles que provavelmente preferem enterrar o filho que supostamente amam tanto a ter que chamá-lo de filha? Onde está esse amor, que não tem necessidade de ao menos rever os olhos que beijou no berço com carinho, que não sente falta do calor do corpo que um dia embalou no colo com meiguice? Quantos assassinos têm a visita apenas dos pais, quantas mães se amontoam nas portas dos presídios apenas para poder ver com os próprios olhos que seus filhos ainda estão neste mundo, independentemente de terem se tornado tudo que elas não esperavam ou queriam? Dentro da minha lógica, o que isso deveria fazer de mim para eles? Dentro da minha lógica, o que isso deveria fazer deles como pessoa?

Todas as pessoas têm grandes chances de dar certo ou errado na vida, mesmo se nem tudo for a favor, as chances ainda existem, as perguntas a se fazer são, porque um pai é capaz de perdoar um filho criminoso, e tem pai que não perdoa um filho, uma filha trans? O que realmente essa pessoa não *perdoa? Quando você tem um filho ou uma filha trans, mesmo que você corte esse laço totalmente, ou deixe que apenas passe a ser um nome em uma lista de contato, ou apenas uma voz breve e ocasional em uma ligação, você ainda continua sendo a pessoa que sorria na chegada da escola, que cuidava quando a febre e a doença chegava, que fazia as comidas favoritas, e mesmo com toda a rejeição, você ainda é um pai, uma mãe. Por que precisamos deixar de ser filhos? No final, dentro da lógica do mundo, quem realmente está sendo egoísta?"*

As minhas memórias gustativas são muito importantes, acho que as minhas memórias afetivas felizes estão muito ligadas à comida, inclusive algo que provavelmente o leitor já percebeu, considerando a quantidade de vezes que cito comida. Uma vez na infância, quando eu estava com seis para sete anos, meus pais foram fazer uma viagem e quando eles voltaram, eu tinha feito uma redação de impacto, digo que foi de impacto, porque até hoje, eu estando com trinta e poucos anos, minha mãe ainda se lembra que era: a minha comida favorita é risoto, e eu cresci com essa máxima, de que a minha comida favorita era o risoto e, de fato, é até hoje. E não é aquele risoto *gourmet* com arroz arbóreo e cheio de coisa, não, é o arroz simples, com massa de tomate e frango que a minha mãe faz.

Boa parte de minhas melhores memórias são dentro da cozinha e geralmente comendo algo, inclusive são as coisas que mais sinto falta. Por exemplo, os dias em que meu pai viajava, e minha mãe preparava galinha caipira com polenta, era de lamber os dedos. Lembro com clareza do sabor e desses momentos. Lembrando que minha mãe fazia quando meu pai viajava justamente por ele não gostar. Fato que acho interessante é que, mesmo entre as minhas irmãs, eu acho que eu era a que mais gostava.

Outra memória gustativa era que, no meu aniversário ou de outra pessoa em casa, minha mãe sempre fazia os docinhos, em especial o cajuzinho feito de amendoim, então quando eu digo na minha vida adulta que eu nunca roubei nada é mentira, porque eu já roubei muito docinho de cima da geladeira, e mesmo com as peripécias para esconder, acho que a mãe da gente sempre sabe.

Ela colocava os cajuzinhos, brigadeiros e os beijinhos na caixa de pizza para esconder em cima da geladeira e virava o desafio do dia, pegar três, quatro docinhos. Existia todo um planejamento, toda a elaboração de um plano para alcançar o objetivo, me lembro que o principal eram os beijinhos e é uma coisa que até hoje eu sinto muita falta.

Se fazia também um doce que, hoje em dia, seria politicamente incorreto para uma festa infantil: uma bala de pinga, era feita com gelatina sem sabor, açúcar e pinga - então tinha o seu teor alcoólico -, depois de endurecida, se cortava e estavam prontas as balas.

Meu aniversário, que é em junho, e como em Santa Catarina e Paraná sempre faz muito frio nessa época do ano, tradicionalmente minha mãe fazia uma feijoada, era uma ocasião para jogar baralho, sempre o baralho para reunir todo mundo. Nos reuníamos na chácara do meu pai ou em casa e era colocado um panelão de feijoada no fogão à lenha, tinha couve, laranja e se fazia quentão também. Cantávamos parabéns com um bolinho, mas o foco mesmo, o principal, era a feijoada. E era realmente a feijoada.

Essas lembranças me marcaram muito e provavelmente vou dizer mais de uma vez ao longo do livro o quanto eu sinto falta desses sabores e o quanto me apetece ainda mais essas memórias. Acho que eu não sou a única que pensa assim, provavelmente muitas pessoas têm as suas boas memórias relacionadas a algum gosto.

Mas, nossa, como eu sinto falta do risoto da minha mãe, de comer a feijoada dela, de sentir aquele medo ao roubar os docinhos! Me lembro também que a minha tia Nilda e tio Ivo faziam os salgados, coxinha e risole, apesar de ser tudo uma delícia, os preciosos e mais gostosos eram os cajuzinhos pegos escondidos de cima da geladeira da minha mãe.

UM ANEL PARA A SOCIEDADE AGRADAR

"Posso dizer com toda a segurança hoje, orientação sexual não define identidade de gênero, orientação sexual tem a ver com por quem você sente atração sexual ou afetiva, e identidade de gênero tem a ver com como você se identifica, em como você se sente por dentro, ou seja, tem única e exclusivamente a ver com você. Não podemos ser definidas apenas por essa palavra, assim como o restante das pessoas não são definidas apenas pelo termo cis.

Independentemente do gênero, estamos sempre procurando a tampa da panela, a metade que nos falta da laranja e é tão difícil saber que, mesmo que você seja a melhor pessoa do mundo, mesmo assim, ainda vai ser difícil as pessoas te verem como alguém para ter um relacionamento sério, casar, constituir família, independentemente da pessoa ser trans, ela anseia por amor como todo mundo e é tão digna de ser amada quanto as pessoas cis."

No começo da faculdade, eu prestei concurso para o banco, não era tanto um desejo meu, era mais um desejo do meu pai, para que eu tivesse algo fixo e com renda superior ao de uma bolsa do CNPq. Sei que, durante todo esse período, meu grande objetivo era permanecer no meio acadêmico, fazer meu mestrado e doutorado na parte de Física Teórica. No entanto, passei no concurso e tive a sorte de ser chamada para a cidade de Castro, no Paraná, bem no fim da faculdade, no dia 27 de novembro de 2006, junto com a semana de provas finais, não tive que trocar de curso para adequar os horários da faculdade aos do banco. Foram bons tempos, mesmo que a vida de estudante fosse com as coisas muito regradas para não faltar, tive bolsa de estudos, comia em refeitório para estudantes, tinha um pouco mais de liberdade por estar longe de casa, mas não tinha ainda a liberdade financeira também sonhada, ou seja, não tinha dinheiro para quase nada.

Então, imagina, de repente, você não ter um pardal para dar água, não ter condições para ir em festas ou viagens e entrar para o banco e as coisas mudarem totalmente de cenário. Em um primeiro momento, a estabilidade do banco te deslumbra. Então, eu me tornei uma pessoa mais noturna, comecei a aproveitar um pouco mais e a me abrir mais, de forma bem escondida, saia com quem eu já conhecia até umas horas da madrugada e depois saia com pessoas que eu acabava encontrando em outros rolês relacionados com a comunidade LGBTQIAN+, mas sempre no sigilo.

Esse período foi muito curto, mas fez com que eu me percebesse, achei que estava saindo muito, talvez saindo dos limites que eu havia me imposto de maneira muita rápida, tendo visto coisas que não gostaria, é provável que, por isso, tenha então decidido, após um ano de agência, participar de um processo interno para uma vaga de assistente, algo que seria como um primeiro degrau no encarreiramento, isso no interior de Santa Catarina, mais precisamente na cidade de Bom Retiro.

Desde o primeiro momento, me tornei uma carreirista dentro do banco, sempre tive essa vontade de crescer mais e mais e, com isso, quem sabe, chegar um dia a presidenta do banco. Assim que passei no processo, peguei minhas coisas e fui viver essa nova fase, agora em uma cidade bem mais pacata e de interior, a umas duas horas de Florianópolis, a uma hora de Lajes, essa cidade, até pela distância dos grandes centros, dificultava sair à noite, acho que eu procurava um lugar onde eu pudesse me adequar ao que a sociedade queria, me casar, ter dois filhos e um cachorro, como na música, eu achava que se estivesse distante de distrações, se estivesse de certa forma presa ali, eu ia conseguir encontrar algo, eu ia conseguir cumprir outra meta que, me parecia, todo mundo deveria cumprir.

Mesmo com o trabalho no banco, eu dei aula durante um tempo, como já era formada em Física, sempre gostei muito de lecionar, de compartilhar conhecimento com as outras pessoas, cheguei a formar uma das primeiras turmas de Astronomia da cidade, os alunos curtiam muito ver o céu e eu sempre fui apaixonada pelas estrelas, então juntei o útil ao agradável.

Mesmo sendo uma cidade pequena e bem segura, eu fui apresentada pela diretora da escola como a pessoa solteira que também trabalhava no maior e único banco da cidade, o que dava um peso quase que de grande sobrenome. Para quem mora em cidade grande deve ser difícil de imaginar a importância que uma pessoa que trabalha no banco pode ter em uma cidade pequena do interior, mas quem mora em cidade pequena certamente vai entender o quanto de status ser funcionária pública pode trazer.

Mesmo com minha timidez, aos poucos, fui criando amizades e em pouco tempo passei a acompanhar uma professora até sua casa, que ficava bem atrás ao hospital onde eu morava, isso praticamente toda noite, até o dia que, entre olhares e conversas, fui convidada a entrar. Mas nesse primeiro momento, já levei ali o que poderia se chamar de grande corte nas minhas expectativas, brincando falei que seria somente para um vinho e a resposta mais que direta dela foi, "sim, claro, e para o que mais você pensa que é?". Não sei dizer se por sorte ou azar, não foi apenas no vinho que terminou aquela primeira noite.

Nos meus relacionamentos, não sei se devido a uma característica pessoal, se por ter essa vontade de agradar as pessoas do meu convívio e, principalmente, não desagradar meus pais, eu era uma pessoa muito romântica, acho que ainda sou até hoje, e para os astrólogos de plantão, talvez a explicação seja por eu ser de Câncer, mas o fato é que, depois da primeira noite que ficamos juntos, no dia seguinte, eu fui visitar a família dela em uma cidade que fica a uma hora de distância da cidade que estávamos, eu tinha um carrinho na época, uma Parati, e sempre gostei de dirigir, então, fui junto com ela visitar a família e acabei por conhecer todo mundo muito rápido. Antes de pegar a estrada com ela, passei em casa, em seguida, comprei um super buquê de rosas vermelhas e flores amarelas, minha cor favorita. Com isso, começamos a namorar muito rápido, só faltando adotar um cachorrinho e talvez usar um anel de coquinho.

Nos víamos todos os dias na escola e passamos a ficar juntas todo final de semana, até que no ano seguinte, em 2009, devido ao contrato temporário de trabalho, ela se mudou para uma cidade distante uns quarenta quilômetros, cidade ainda menor e ainda mais fria do que a anterior, muitas casas bem simples, de madeira trançada, e que de tão frio no inverno congela até as cachoeiras, além de nevar em alguns anos.

Passei muitos perrengues ali com as baixas temperaturas. Tendo quase morrido uma noite de hipotermia, com as paredes do hospital vertendo água e congelando de tanto frio.

Nesse meio-tempo já começou a surgir o desejo de terminar, porque ,como eu tinha os meus desejos, as minhas ideias e verdades e nunca conseguia compartilhar com ninguém, era tudo muito às escondidas até aquele momento, eu não tinha segurança para me abrir com ninguém, ainda não tinha feito terapia. E esse desejo foi crescendo gradativamente, até eu começar de fato a tentar me afastar, com intervalos maiores que um fim de semana entre um encontro e outro, até que criei coragem e coloquei fim aquela situação. Fui até lá e, em um discurso repleto de clichês do tipo, o problema é comigo e não com você, eu terminei.

Vou tomar a liberdade aqui de fazer um pequeno adendo e explicar o porquê eu morava em um hospital. Assim que cheguei na cidade, aluguei um pequeno apartamento, bem próximo da agência, e durante meu primeiro período de férias, fui para a casa dos meus pais, com previsão de retorno somente para o fim das férias. Na época, estava vendendo meu carro e tive que voltar para assinar o documento de transferência.

Mesmo que com grande atraso, sei que já estava começando a ter desejos sexuais e aproveitei que estava em minha casa para ver alguns vídeos pornográficos, tendo deixado sobre a cama uma caixa com algumas roupas íntimas femininas e algumas fitas cassetes com mulheres trans. Enquanto saia para resolver outras questões na cidade, por algum motivo que desconheço, sei que a proprietária resolveu entrar no meu apartamento, sem nenhum aviso, poucos dias depois que eu havia voltado para o trabalho, fui comunicada que eu teria que entregar o apartamento. Na época, ela me deu um motivo sem pé nem cabeça, usou a desculpa que uma parente dela iria voltar, mas, no fundo, eu sabia que havia sido unicamente por homofobia. Mesmo tendo condições de pagar o aluguel, eu perdi a minha casa.

Por sorte, o hospital, que ficava literalmente ao lado da agência, tinha alguns quartos para alugar no andar superior. Era um hospital antigo, que tinha sido regido por freiras por muito tempo, e os quartos ficavam justamente no local onde elas ficavam alojadas em sua época. De parede grossa e teto alto, não preciso nem dizer o quanto eram assustadores esses quartos e o quanto de experiências curiosas passei ali. Não era o melhor dos mundos, mas era o que eu tinha, e coleciono boas histórias da cidade e dessa minha moradia.

E agora voltando ao enredo principal. Assim que voltei do término do relacionamento, imersa em um mar de sentimentos e pensamentos, passei na casa de uma amiga do banco, e onde foi feito o seguinte questionamento "mas você gosta?", e é até algo interessante essa questão do gostar, porque, para gostar do outro, você precisa se conhecer primeiro, se entender, hoje eu vejo e entendo bem que eu gostava dela, mas era muito mais amizade, com muitos assuntos em comum, inclusive com uma forte ligação com a família dela, provavelmente devido à minha família ser mais fechada. Mesmo na questão sexual, com a minha baixa libido, apesar de haver química entre nós duas, não era tão forte, e por uma questão de comodismo, caímos em uma rotina onde isso não era um assunto que precisava ser debatido naquele momento.

Ponderando tudo isso, e somado à sua beleza e inteligência, voltei para a casa dela e pedi para reatar o relacionamento, até mesmo para continuar fazendo o papel social que tanto era cobrado. Foi nessa ocasião em que comecei a me abrir, mesmo que só um pouco para alguém, contei para ela sobre meu desejo por peças femininas, e como ela aceitou, reatamos nosso relacionamento.

Mesmo tendo tido três outras namoradas durante o período da faculdade, terminar nunca é fácil, e dessa vez parecia ainda mais difícil, essa foi a primeira tentativa e eu poderia ter encerrado a relação de fato ali. Só que eu não fiz. Não cabe hoje dizer se fiz certo ou não, porque o passado não pode ser mudado, pode apenas ser usado como base e como aprendizado. Hoje, eu penso que todos os relacionamentos acabam por ser complexos, se tratam de duas pessoas, então são sentimentos, ideais, perspectivas, que, mesmo caminhando lado a lado, podem ser tão diferentes, tão contraditórias, mas que parecem se completar.

Hoje, eu não penso tanto no que foi e se houve ou não culpa da minha parte, porque somos criados para ser egoístas a ponto de acreditar que podemos fazer alguém feliz, e devido a toda uma cultura patriarcal, vejo que as mulheres, em boa parte, são criadas para ter uma dependência emocional e afetiva, uma necessidade de colocar o outro como centro da sua felicidade e não a si mesma.

Morei na cidade em que nos conhecemos por mais um ano, e em 2010, novamente apareceu uma oportunidade de promoção, mas agora em uma cidade no interior do Paraná, cerca de oitocentos quilômetros da cidade onde eu estava e a quatrocentos quilômetros de Curitiba, com cerca de doze mil habitantes, aproximadamente quatro mil a mais do que tinha na cidade onde eu morava, cidade suficientemente grande para eu achar que quatro carros parados para entrar em uma rua já era quase um engarrafamento.

Era uma cidade mais quente, com um perfil bem mais agrícola e voltado para o cultivo de soja e cana-de-açúcar. Não me recordo detalhes se teve ou não uma conversa com convite da minha parte para ela ir morar comigo, só sei que aconteceu, e éramos agora um casal morando em uma mesma casa.

Até então, eu tinha as minhas noites de semana livre, tinha a minha privacidade, podia utilizar as roupas íntimas femininas que eu gostava. E mesmo ela já sabendo, sempre ficava com um pouco de vergonha, como se fosse algo errado e proibido. Com a evolução da internet que aos poucos se tornava mais acessível, e já com algumas informações disponíveis, cheguei a achar por muito tempo que eu era *crossdresser*, algo que podemos descrever como um homem que tem desejos por roupas femininas e nem por isso deixa de ser homem. Era talvez uma situação mais próxima de um ponto de equilíbrio, algo que não precisa ser exposto para a sociedade e que possibilitaria continuar usufruindo dos privilégios de ser um casal de pessoas brancas, héteras e cisgêneras para a sociedade.

Na nossa relação, sempre houve muita parceria, nós tínhamos uma boa amizade, eu sempre fui muito elétrica e agitada para fazer as coisas, então, por exemplo, nós morávamos em uma cidade que ficava a umas três horas de uma cidade do Paraguai, Salto del Guaíra, com uma certa frequência, eu falava, "vamos para o Paraguai amanhã?" e ela topava na hora, então ela sempre foi muito parceira nesses aspectos e, mesmo quando se tratava de algo que não fosse exatamente o que ela queria ou algo que ela não tivesse tanto entusiasmo quanto eu, nós tínhamos uma liberdade para conversar, para entrar em consenso e decidir. Penso que tudo era conversado, talvez menos o principal, que seria nossa relação e vida sexual.

Por exemplo, eu sempre gostei muito dessa coisa de sustentabilidade, então, em 2012, cansada do aluguel, decidi empreender e fazer uma casa ecológica, queria muito isso, mas na época ainda não tinha tantas informações, e mesmo as que tinham eram mais internacionais, os arquitetos que trabalhavam voltados para essa área cobravam muito acima do que eu poderia pagar e, mesmo assim, foram quase seis meses construindo uma casa simples, mas de tijolo ecológico, de telha sustentável, adotando vários princípios que eu iria adotar em outras residências que eu moraria no futuro. Ela não acompanhava a obra diariamente como eu, mas nunca foi contra essa minha ideia, então de certa forma eu me sentia apoiada.

Finalizada a construção da casa, nos mudamos e essa casa, um pouco maior, passou a ser nosso teto, inclusive com bom espaço para fazer meu primeiro closet e arrumar minha coleção de calçados que, na época, tinha cerca de duzentos pares. Mesmo nesse cenário, todo final de ano eu sentia a necessidade de terminar a relação, não fazia talvez por me sentir culpada por ela ter me acompanhado, ela não era concursada pelo estado, mas era temporária e de fato estava trabalhando no Paraná novamente e era uma zona de conforto muito grande.

Como eu sempre digo, para o churrasco do banco, estava perfeito, até então eu era vista como homem, estava lá perto da churrasqueira comendo a carne quente e falando bobagem, vestindo o famoso cis fake da vida, fingindo e usando uma máscara, enquanto ela ficava com as outras mulheres conversando e tomando conta dos filhos dos outros, geralmente comendo as carnes que já chegavam frias junto com arroz, farofa e vinagrete. As pessoas já tinham começado a nos cobrar nessa questão, então volta e meia vinha um "mas quando vocês vão ter filhos?", até nisso existia uma pressão.

Chegou um ponto que eu comecei a ficar agoniada, eu comecei a ficar doente, passei a beber até um pouco mais do que deveria em casa, beirando cada vez mais à necessidade de tomar uma medicação para ver se eu conseguia controlar aquela angústia, eram horas e mais horas de pensamento nisso.

Por vezes, chegamos a discutir sobre a questão de ter filhos, mas nunca chegamos em um acordo, tínhamos opiniões sempre opostas uma à outra, quando eu achava que era a hora, ela achava que não e quando ela achou que era a hora, eu é que achava que não era, então, no fim, não tivemos filhos e hoje eu já tenho uma grande vontade de ser mãe.

Durante esses períodos de angústia, já morando na casa nova, contei para ela que eu tinha desejos não apenas por mulheres, mas por homens também. Só que, na verdade, se misturou tudo, não é uma coisa de "a Marcela está confundindo as coisas", mas é: a Marcela estava muito confusa, eu queria colocar alguma coisa pra fora e não sabia o que era, não que ser gay seja menos complicado do que ser trans, mas naquele momento era o mais próximo que eu entendia como sinceridade para ela e para mim.

Talvez eu tenha contado isso com a esperança de que ela terminasse comigo, mas novamente não foi o que aconteceu. E em comum acordo, chegamos a um consenso que eu deveria fazer terapia, o que para mim até então era algo envolto em um preconceito bobo.

Com a minha primeira psicóloga, eu aprendi simplesmente a me aceitar, eu sempre me senti pior que o cocô da mosca que pousou no cocô do cavalo do bandido, o pior ser humano. Por que, como assim, eu estava sofrendo? Eu tinha uma casa, tinha um bom emprego, tinha meu carro, conseguia viajar com certa frequência e certo conforto para alguns lugares do Brasil, eu tinha pequenos luxos que eu entendia que não eram possíveis para todo mundo. Então eu me sentia extremamente culpada por essa insatisfação. Foi essa primeira psicóloga que me ajudou a entender e me aceitar e a começar a dar nome para o que eu era. Eu me recordo que em uma das consultas ela me perguntou qual era o meu nome, e foi aí que a Marcela começou a descobrir a Marcela.

Eu fiquei bastante tempo fazendo terapia, existia um esforço para conseguir manter um tratamento constante, a psicóloga atendia em outra cidade, mas isso me ajudou muito. Eu costumo dividir meu processo de terapia em três, já que foram três profissionais diferentes, e cada uma acabou sendo fundamental em aspectos diferentes no meu autoconhecimento. Nessa primeira terapia eu comecei a manifestar mais a minha vontade, foi um processo que me ajudou a não me sentir tão mal comigo mesma como eu me sentia, consegui dizer alguns "nãos", mas eu precisava decidir a minha vida. Eu caminhava para um adoecimento permanente, talvez um alcoolismo, uso constante de remédios, nunca gostei muito disso, mas estava cansativo essa perspectiva de convivência permanente, sem que eu pudesse colocar para fora as questões que eu começava e entender com a terapia. São nesses momentos que se passa de tudo pela nossa cabeça.

Novamente como ponto de fuga, joguei para o universo e postei concorrência para assumir o cargo de gerente-geral, em praticamente toda a cidade do Brasil que tivesse vaga. Na minha cabeça, a ideia era tentar um novo recomeço, em uma cidade mais longe, em uma cidade diferente, era o que eu precisava naquele momento. Eu achei que se me mudasse, conseguiria dar uma conclusão à minha relação, que a distância tornaria o fim mais efetivo. E fui atrás disso, terminei algumas coisas, me candidatei para as vagas, inclusive cheguei a quase ir para uma cidadezinha no interior do Amazonas, quase dez horas de viagem até a capital, mas não deu certo. E quando eu já achava que essa empreitada não daria certo, consegui uma vaga em Pernambuco, na cidade de Pesqueira, foi um momento de êxtase, de alegria, a nomeação foi rápida, fiz a entrevista na segunda, o resultado saiu na quarta-feira à noite e, na segunda-feira seguinte, estava eu pronta para assumir meu primeiro desafio na gestão de uma agência, e que, por sinal, uma grande agência com quase 20 funcionários, além de outros colaboradores.

Comprei a passagem já com a ideia de terminar o relacionamento. Talvez inconscientemente minha ideia fosse a de, ao estar em uma nova cidade, mais distante, talvez iniciar ali algo como o processo de afirmação de gênero. Infelizmente ainda não consegui romper e, com poucas semanas, ela já se mudou também.

Assim que ela foi para lá, eu voltei a fazer a terapia, porque a situação estava incomoda demais, não por ela em si, mas devido ao inferno interior que não me dava trégua. Eu tinha tomado a decisão de mudar a minha vida, tinha mudado de cidade, ido para o outro lado do país, tinha ficado algumas semanas sozinha e estava tudo certo, só que, mais uma vez, eu tinha fraquejado e, ao levar ela comigo, me sentia ainda pior, sobre nós, sobre as questões dentro de mim que eu ainda não tinha tão claro.

No trabalho foi minha primeira nomeação como gerente-geral de uma agência, era uma agência grande, com muitos funcionários, uma agência complexa, e, para completar, eu estava assumindo no auge da seca na região, e isso causa tantos outros problemas, são pequenas empresas, pequenos produtores e grandes também que acabam precisando de ajuda, muita gente com problemas por conta da seca, tendo que comprar do caminhão pipa, que tinha que buscar água muitas vezes a uma distância superior a 100 km. E era uma outra realidade, eu estava em uma outra cidade, era uma outra cultura, e isso por si só já é enriquecedor e complexo quando você trabalha com pessoas.

Acredito que a minha grande virada de chave na vida se deve à minha segunda terapeuta, ela foi a pessoa que me ensinou a dizer não, me lembro muito claramente que ela tinha um perfil muito bravo, e com muita terapia, eu aprendi a dizer não para as coisas que eu não queria fazer, a fazer valer a minha vontade, as minhas escolhas. E foi quando eu comecei a externalizar e, com muita terapia, em um final de ano, eu consegui finalmente terminar efetivamente o meu casamento.

Para quem já se separou deve ser mais fácil entender um pouco do quanto é doloroso, apesar de ser a pessoa a encerrar a relação o coração fica doido e fica um gosto amargo na boca. O fim de uma relação na qual houve respeito, companheirismo e cumplicidade sempre é triste e complexo, e ficou ainda mais por eu me sentir um pouco responsável por ela.

Os meses que se seguiram foram muito difíceis, houve inclusive uma tentativa de suicídio dela, e por mais que eu estivesse na terapia, por mais que eu ouvisse que eu não era responsável por determinadas decisões na vida dos outros, ainda sim, existia um sentimento de culpa, eu me perguntava o porquê de a minha felicidade custar tanto a de outra pessoa, se não seria melhor manter uma cis fake?

Aceitar simplesmente que eu não seria feliz, viver à base de remédios de repente ou sumir, porque a minha busca de liberdade causava tanto sofrimento ao meu redor, eu sabia que causaria nos meus pais, estava causando na minha ex. Já imaginava a carga de preconceito que sofria antes de iniciar todo o processo, mas a verdade é que nada te prepara para o nível de discriminação que as pessoas são capazes.

Me lembro que, assim que eu me separei, eu perguntei para a minha psicóloga o porquê de ela ser tão dura comigo, ao que ela me respondeu: "no dia que você veio a primeira vez, eu percebi que, se não fosse dura você não conseguiria, fazer as mudanças necessárias". Me recordo que eu sempre tive uma coleção de calçados, mas, nesse período que antecedeu o fim eu passei a comprar muito mais coisas, acredito que fossem pequenas pílulas de felicidade, adquirir um calçado novo, era apenas isso, paliativo para cobrir por um momento a dor que me afligia, creio que tenha chegado aos seiscentos pares. Acho importante deixar claro que grande parte das questões que me afligiam seriam as mesmas, independentemente da pessoa que estivesse ao meu lado, minhas questões internas me impediam de me conectar realmente com quem estava ao meu lado, a sensação de culpa, de, porque não dizer, fraude social me desgastava e me impedia de conseguir seguir de forma feliz e tranquila com a minha relação, era impossível ser feliz com um outro se eu não estava feliz comigo.

    Foram anos em que estivemos juntas, anos em que ela se deu e que eu também tentei me dar o máximo que o meu próprio desconhecimento me permitia, que as minhas próprias incertezas me permitiam, não foi possível ir para a frente com ela, sozinha agora, talvez, eu estivesse pronta para alçar novos voos no caminho da autodescoberta.

QUEM EU ERA?

"Não importa o tempo que a sua jornada leve, se no final você puder se encontrar, se aceitar e se amar, ela terá valido a pena, para algumas pessoas se conhecer e saber quem elas são de verdade nunca acontece, e para outras vêm com elas desde o berço. Não importa qual seja o seu caso, se você encontrar forças para se olhar com amor, para se aceitar independentemente do que os outros irão pensar, você vai encontrar uma felicidade verdadeira e tão rara que vai compensar. Você vale o risco, você vale o preço e os percalços, mas só você pode fazer isso por si mesma, ninguém mais"

Pergunta difícil, que só parei para responder neste momento em que estou escrevendo. Diferente de relatar uma memória, agora me pego tendo que resumir como foi minha história até o momento da grande mudança.

Quais fatores do meio em que vivi me levaram a tomar a coragem necessária para revelar meu verdadeiro eu, ou mesmo quais fatores me levaram a demorar cerca de trinta e um anos antes da tomada de decisão definitiva? Isso tudo considerando uma sociedade extremamente preconceituosa e que a todo custo nega a existência de crianças trans. Mas, que ao mesmo tempo, fecha os olhos para os inúmeros casos de abusos que ocorrem dentro da casa, às vezes, da própria vítima.

Crescer com pouca informação, em um período no qual boa parte dos conhecimentos ainda se encontravam exclusivamente nos livros e enciclopédias, podia ser suficiente para o trabalho de Geografia, mas obviamente que questões de gênero não eram abordadas. Como então entender o que se passava, considerando que as referências eram um programa famoso na época, cujo título era "é homem ou mulher", e, conforme já descrevi, tínhamos a Roberta Close que foi de longe a minha primeira referência?

Talvez as informações fossem mais acessíveis para quem morava em grandes cidades, como São Paulo, mas eu vivi sempre em cidades pequenas e, mesmo nas capitais que eu morei, os tabus e desinformações não eram muito diferentes.

Fui me fechando no meu mundo e sempre procurando diversos afazeres, de modo a afastar qualquer tipo de pensamento que contrariasse aquilo que fui ensinada como sendo normal. Desde cedo, sonhava com coisas simples, tais como furar a orelha, e já tinha um certo encantamento por tudo do universo feminino. Mas mesmo deixar o cabelo crescer era tido como coisa de "viado", conforme escutei do meu pai em algumas situações.

Aprendi que homens não choram, e talvez eu tenha internalizado de maneira exagerada isso, algo que só fui destravar dentro de mim depois de muitos anos. Como eu poderia dizer que estava sofrendo, se eu tinha um lar e o que comer. Fui encasulando todo e qualquer sentimento que tinha, como forma de sobrevivência, até um dia em que, quem sabe, eu conseguisse entender melhor. O que não tira o principal fato de que minha alma sempre foi feminina, só faltava eu externalizar para o mundo. E considerando a resistência à dor que eu sempre tive, posso dizer que talvez essa já tenha sido a primeira prova.

Introvertida, dorminhoca, apaixonada por risoto e galinha caipira. Uma criança e adolescente tranquila que, por não se entender direito, acabou por atrasar todo seu desenvolvimento afetivo e sexual. De imaginação sempre fértil, talvez como ponto de fuga, focava em outras coisas para evitar certos pensamentos.

Eu era isso, com medo do mundo, foi preciso enxergar o fim do túnel para adquirir a coragem necessária. E conforme o leitor avance para a parte dois, vou poder garantir que fiz o que era certo. Somos o país que mais mata a população trans do mundo pelo décimo quarto ano consecutivo e, em contra partida, somos um dos principais mercados consumidores de pornografia trans do mundo.

Essa é uma pergunta que demorei bastante tempo para conseguir responder e, talvez, somente agora eu consiga ter uma ideia de quem eu era enquanto criança e adolescente e como isso me moldou para o que sou hoje.

Penso que eu era uma criança introvertida e que procurava de todo modo diversos afazeres como forma de fugir de si mesma, mesmo sendo algo totalmente inconsciente. A falta de coragem de até mesmo conversar com meus pais era minimamente compensada com a coragem de experimentar novas atividades. A falta de coragem de dizer não para o que a própria sociedade espera da gente foi me moldando e tornando cada vez mais difícil sair desse modelo que faz as coisas por convenção. Era mais fácil fazer o que se espera do que tentar desafiar e enfrentar as consequências desconhecidas.

PARTE 02

PRIMEIROS GRANDES PASSOS

"Somos ensinados a respeitar e a amar o próximo, mas, ao mesmo tempo, nem sempre somos ensinados a amar a nós mesmos. Somos bons filhos se fizermos o que nossos pais querem, somos boas pessoas se fizermos as coisas conforme a sociedade aceita e manda. Ser trans não faz de mim uma filha ruim, uma pessoa ruim, apenas sou diferente das expectativas dos outros. Não é opcional, ninguém se sujeita ao abandono, à perseguição indistinta e sistemática na vida porque quer, e como é angustiante não poder viver a nossa verdade. Podemos nos amar, podemos nos encontrar e isso não tem preço"

Uma das minhas principais características sempre foi a racionalidade, eu sempre fui apaixonada por lógica, física e matemática e sou um pouco sistemática com datas, com isso, a virada de ano sempre foi muito sugestiva para o início de novos planos. No início do ano de 2017, era chegado o momento de dar os primeiros passos em busca da tão sonhada liberdade de ser quem eu era.

O que pode ser chamado de sorte, eu considero que já eram meus anjos da guarda dando aquela força e consegui marcar com poucos dias o endocrinologista, que felizmente também era especialista na área de terapia hormonal para pessoas trans, algo que ainda é raro no Brasil. Na primeira consulta foram solicitados vários exames, mas observando minha ansiedade em conseguir me encontrar, consegui a minha primeira receita médica com os tão sonhados hormônios e bloqueadores. Assim que saí do consultório, fui direto a um shopping próximo à clínica e, mesmo extremamente animada, ainda precisei dar algumas voltas até criar coragem para entrar em uma farmácia e pedir pelo que considerei ser meus pequenos comprimidos de alegria e começar o tratamento. Aproveitei que já estava próxima da praça de alimentação, pedi um lanche antes de voltar para minha cidade e já tomei ali mesmo os dois comprimidos, ignorei por completo o gosto extremamente ruim de um deles e, mesmo consciente de que qualquer efeito ainda demoraria meses, naquele instante, eu já sentia como se eu tivesse apertado um pequeno botão imaginário de adaptação do meu corpo, para quem eu sempre fui por dentro.

Aproveitei, como eu sempre gosto de fazer no primeiro dia do ano, e marquei uma reunião com a minha equipe, era uma agência grande com vários gerentes que iriam comunicar a outros funcionários. Comparo essa reunião a tirar o band-aid grudado na ferida, fiz de uma vez só, preferi não fazer devagar, aos poucos, durante toda a minha carreira de bancária, eu nunca gostei de fazer reunião a portas fechadas, nunca foi algo que me agradou, eu sempre fui da premissa de que se é segredo não é devido, mas nesse dia eu achei necessário, informei sobre o início do meu processo de afirmação de gênero e que, por mais que eles pudessem perceber sutis mudanças, era provável que a Marcela por completo ainda demoraria alguns anos para ser vista.

Me recordo que todo mundo ficou em choque, porque até aquele momento eu nunca dei pinta, nunca sinalizei nada, minha criação foi muito rígida e isso nem seria permitido, essa rigidez me acompanhou na vida adulta. É bom lembrar que dar pinta não define questões de identidade de gênero, nem nada, não fui criada apenas pela minha mãe ou fui criada por avó ou apenas por mulheres, digamos assim, eu tive figuras masculinas ao meu redor, inclusive figura paterna presente, o meio em que eu vivia não foi responsável por eu ser uma mulher trans, é simplesmente o que eu sou, sem influências, sem traumas.

Depois dessa reunião, me recordo bem que uma das minhas gerentes que era evangélica, talvez por questão hierárquica, até aceitou momentaneamente, mas não antes de praticamente fazer uma carta para o capeta, já dando o direcionamento para que eu ocupasse quando morresse o décimo quinto andar do inferno, onde eu iria arder eternamente por fazer algo, que, na visão dela, não era de Deus. Me senti triste com essa atitude, mas, pela primeira vez, eu abri o leque da Marcela, que antes só tinha sido aberto para a minha ex, para mais oito pessoas, em poucos dias, o meu universo foi multiplicado quatrocentos por cento, e isso é muito libertador e ao mesmo tempo causa um medo gigantesco, eu tremia igual vara verde por dentro, cheguei a pedir que não comentassem com o resto da equipe por ser algo que eu achava que só aconteceria a muito longo prazo.

Ainda nesse início, me recordo do dia que eu furei a orelha, me lembro de pegar o carro e ir para outra cidade, furar na mesma cidade que eu morava? Jamais passaria pela minha cabeça, para quem está lendo o livro pode até parecer estranho: mas, nossa, como assim, que bobagem nos dias de hoje ter medo de colocar um brinco? Pra mim não era algo simples. Dirigi o carro, fui até Caruaru, dei várias voltas pelo centro da cidade, entrei em uma farmácia, escolhi um brinco simples, desses que se fura com pistola. Na hora de furar me perguntaram "só uma orelha?" e eu respondi "não, as duas", a pessoa me olhou, mas, bum, furou. Foi muito estranho, muito medonho pra mim, mas eu não tenho nem como descrever o tamanho da minha felicidade e mesmo assim eu ainda não tinha coragem de mostrar para as pessoas. Como eu disse, mesmo sendo algo extremamente comum hoje em dia, para mim não era algo tão fácil, não era algo usual. Mesmo não sendo recomendado retirar nos primeiros dias, passado o final de semana, eu tirei para ir trabalhar, e quem tem brinco sabe que se você retira antes da cicatrização, ele fecha fácil, eu saia do trabalho correndo, chegava em casa e ia colocar o brinco, às vezes, estava quase fechado o furo, doía pra colocar, cheguei a chorar em alguns momentos. Percebo que, na verdade, eu demorei bastante para assumir os brincos, acho que só fui assumi-los com algumas semanas, e mesmo que possa parecer tola por dar tanta importância para algo aparentemente simples, no fundo, já era a Marcela acelerando para se mostrar ao mundo.

No caminho de retorno para casa, os momentos de alegria e entusiasmo eram tão intensos e, ao mesmo tempo, novos, que não consigo expressar com clareza o que senti. Mas teve um gesto que acho que consegue resumir bem isso: pela primeira vez em muito tempo, ou mesmo na vida, eu consegui um sorriso completo, de dentro para fora, um sorriso de alma, algo natural e que veio para ficar.

Um dos efeitos colaterais da terapia hormonal é justamente a questão do humor e temperamento, além de outros efeitos como a perda de massa magra e consequentemente força. Comecei a chorar vendo vídeos na internet, como o da formiguinha que morreu, que foi um vídeo que viralizou em 2017. Então, imagina como eu estava por dentro nesse momento de grande mudança na minha vida e com muita coisa ainda por vir.

Outra grande atuação do destino e do meu anjinho da guarda calçando o meu caminho foi que havia um momento muito propício para isso, tinha uma certa abertura no banco e eu me lembro que no dia vinte e nove de janeiro, que é o dia da visibilidade trans, o banco que eu trabalho fez uma matéria sobre funcionários trans, ali eu vi que havia pessoas iguais a mim, com desejos e anseios parecidos, e isso é libertador, mostrando e reafirmando que esse era o momento que talvez eu tanto aguardava para fazer acontecer minha história. Contava a história de uma mulher trans e um homem trans em seus processos de afirmação e como foram acolhidos, então o banco sinalizava até uma certa abertura para a diversidade, o que eu considero essencial, na verdade crucial, nesse momento. Eu me recordo bem dessa matéria, guardei inclusive, e conheci essas pessoas e fiquei amiga, então isso foi muito importante pra mim.

Logo em seguida, houve um evento chamado Inspira, no qual os funcionários palestram sobre temas diversos, por dez minutos cada, e eu vi ali uma oportunidade única, foi até nesse momento que acabei descumprindo a promessa que eu tinha feito para a minha equipe sobre o tempo que eu ainda iria demorar a revelar para o resto do mundo quem era Marcela.

Isso foi no final de fevereiro, fiz um vídeo só com a parte de cima do terno, sentada em uma escrivaninha, e comecei o vídeo com "meu nome é Marcela Bosa", contei um pouco sobre a minha história, mostrei a cartelinha de hormônio que eu tinha começado a tomar e, apesar do receio, aquele era um momento que eu não podia deixar passar, e eu tenho uma mania de jogar para o destino e esperar acontecer, "vamos ver o que o universo me retorna", gravei e enviei, com muito medo, com muita vergonha. Não sei dizer como foi o processo de escolha, qual o trâmite e qual caminho esse vídeo percorreu, eu não sabia se seria chamada, acabou que gostaram do meu vídeo e eu fui chamada para um pré-processo de seleção e era uma coisa muito diferente, porque como eu ia participar desse processo falando da Marcela se eu ainda vivia como fulano.

Eram dez histórias diferentes nas quais apenas cinco iriam se apresentar no palco, mas o principal era que o meu leque estava aumentando, de duas pessoas mais a minha equipe, agora mais as pessoas que tinham visto o vídeo, aumentava exponencialmente o leque de pessoas que sabiam quem era a Marcela. Eu tinha jogado para o universo e ele me retornava de forma muito positiva, foram dias incríveis com o processo, acabei não sendo selecionada, mas falei que iria assistir quem tinha sido, nesse meio-tempo, o intervalo de uma semana entre o final do processo e o evento, recebi um convite para conhecer o então presidente do banco que eu trabalho. Uma pessoa muito acessível, não tem nem como falar a admiração que eu tive, e você ter um CEO de uma grande empresa, um grande banco como o que eu trabalho, que para cerca de uma hora e meia para ouvir uma história que nem tinha sido selecionada, junto com outras duas que foram selecionadas, que senta na poltrona, sem pegar no celular praticamente, eram muitos fatores que me faziam acreditar que o universo estava mesmo conspirando para mim, e nesse dia, eu fiz uma promessa para esse CEO, que foi a de apresentar a todos a Marcela no dia do evento.

Pela primeira vez na vida eu fiz uma autossabotagem ao contrário, ao longo da minha trajetória, houve muitas autossabotagens para não dar certo esse grande passo, e nesse dia eu consegui driblar isso. Levei apenas uma muda de roupa masculina, ou seja, eu tinha roupa para ir, mas não tinha roupa para o evento e nem para voltar, se eu não fosse como Marcela teria que ir vestida de forma inadequada, roupa suja, amarrotada, algo que não poderia ocorrer. No dia do evento dei muito azar, peguei um dos shoppings mais caros do Rio e marquei a ida ao salão, e como marcar essa ida ao salão? Os questionamentos eram básicos, tá bom, mas quem está aqui é um menino, como maquiagem, pé e mão? Eu não sabia nem o que fazer, me lembro que nas unhas eu fiz francesinha, não tinha cabelo comprido, usei uma peruca que eu tinha, pedi para fazer uma maquiagem bem-feita, coloquei uma Melissa amarela de dez centímetros que eu tinha na minha coleção e fui. Nesse meio-tempo que eu fechei o check-out, fui no caminho com muito medo, mas com muito entusiasmo ao mesmo tempo.

Cheguei no evento sem chorar, não podia borrar a maquiagem, começava já a aprender algumas coisas, mas não teve jeito, quando encontrei o pessoal que tinha feito o pré-processo comigo, eu comecei a chorar, comecei a desabar, me sentei depois de um tempo na plateia, me recordo que foram grandes temas e para minha alegria, no pós-evento, havia uma matéria minha falando sobre a grande estreia da Marcela, a primeira vez que o mundo conheceu a Marcela Bosa de cílios postiços, salto quinze, de maquiagem e cabelo comprido, ainda sem saber de nem um por cento do que eu passaria, uma estreia que eu imaginava que seria dentro de dez anos, mas que eu fiz em menos de três meses, no dia 18 de março de 2017, um dia que eu me recordo com riqueza de detalhes e que parece que foi ontem.

Após o evento, no qual reencontrei com o presidente, onde conheci o vice-presidente do banco, conversei com alguns diretores, havia muita adrenalina, muita emoção, precisava correr para pegar o avião para voltar para Recife, ainda como Marcela. Passei no Starbucks e mais uma emoção, ter meu nome escrito no copo de café, poder fazer de forma tão simples algo que eu imaginei desde muito cedo, responder quando me perguntassem "seu nome? Marcela!" Fui no avião em êxtase, um voo de um pouco mais de duas horas, até a hora que eu cheguei no hotel que eu tinha feito reserva, para ficar antes de voltar para casa.

Foi um dos momentos mais tristes que me recordo desmontar a Marcela, hoje passado os anos eu entendo que a Marcela sempre existiu, embora o mundo não conhecesse, mas não era a unha com francesinha, ou o vestido branco que eu guardo até hoje, ou o salto dez, ou os cílios e a peruca. Mas ter que me desmontar foi dolorido e ter que terminar de desmontar mais ainda, para no dia seguinte correr para Pesqueira e me arrumar para ir trabalhar foi algo doloroso, sabendo inclusive que as notícias iriam começar a se espalhar, afinal, não eram muitos funcionários que sabiam, ou seja, a notícia iria ganhar corpo e consequentemente o meu rosto, mas foram momentos incríveis, eu tive grandes lembranças, tive que ter muita coragem, minhas férias se aproximavam e eu ia ter que me preparar para falar para a família.

Talvez o momento mais tenso seja o de contar para a família, o único até então filho homem entre duas irmãs de família conservadora, dita tradicional, como contar para os meus pais?

Sai de férias e depois de um tempo fui para a casa dos meus pais, morrendo de medo que percebessem que eu tinha furado as orelhas, embora eu não estivesse de brinco, eu meio que evitava até de sair com eles, minha mãe chegou a perceber que eu estava estranha, não me recordo se percebeu que eu tinha furado as orelhas ou não, mas eu sentia esse medo o tempo todo, tentei por mais de uma vez contar e fui postergando.

Viajei para Santa Catarina atrás de um médico que faria a cirurgia de redesignação sexual, embora hoje eu entenda que a questão da disforia não é uma coisa que toda pessoa trans têm. O contato com esse médico me deixou bem desanimada, porque, ao invés de focar no que eu queria, colocou mil defeitos sobre a minha futura aparência e o que eu deveria ou não fazer no rosto, que seriam diversos procedimentos e que sairiam na época algo muito caro, de acordo com suas palavras, ele era um dos grandes cirurgiões do Brasil, inclusive disse que eu não poderia começar a viver como Marcela de fato, antes desses procedimentos. O resumo foi que ele teve uma péssima conduta, o que foi como um banho de água fria. Ainda para ajudar, para evitar um pouco de trânsito no retorno, voltei pela BR 116, que passa justamente na cidade onde minha ex-mulher residia, e por um descuido de minha parte, conectei minha internet ao wi-fi de um posto que fez o check-in e entregou minha localização, talvez por estar me acompanhando nas redes sociais, ela viu e tentou contato presencial, algo que não seria bom naquele momento em que eu já estava tão fragilizada por tantas coisas que estavam acontecendo.

Posso dizer que, ao longo dessa minha jornada, tive quatro ou cinco momentos que pensei em fazer uma besteira, em dar um fim à dor, porque, como assim, a minha felicidade causa tanta tristeza aos demais, e talvez seria bem mais fácil eu simplesmente não existir mais?

Passou, segui em frente, voltei para casa e fui tentar criar coragem para contar, foram dias sofridos, porque como achar uma brecha, quando nunca foi dada nenhuma para esse tipo de assunto, se para o meu pai qualquer homem que usasse brinco era viado, se, até em uma discussão sobre casais homoafetivos poderem adotar, a opinião do meu pai era a de que melhor no orfanato do que ser adotado por um casal gay, me recordo que foi uma das poucas vezes que eu defendi o meu ponto de vista, contrária ao dele, na sua frente. E mais uma vez, eu não consegui contar, foi fraqueza, admito que sim, chegou o dia de voltar para casa em Pernambuco, foram férias longas que pareciam intermináveis.

A ida de carro para o aeroporto foi um momento muito pesado, porque ali eu sabia que era a última vez que eu andaria de carro com o meu pai, que com todos os defeitos até então era o meu pai, antes de entrar no carro, ao me despedir da minha mãe, foi a mesma sensação de adeus e que ela passaria por muitas coisas.

Quando cheguei no avião, fiz um texto enorme, novamente eu fiz errado, reconheço, eu sei que não era a forma, nem o momento, mas foi o único meio que eu encontrei de me fazer ouvir, aproveitei que estava no avião já com as portas fechadas e sem sinal, escrevi o texto, por sorte estava na janela e chorei a viagem inteira praticamente. Quando você está tomando hormônio já fica meio propensa a isso e se junta o mix de sentimentos, não tem como conter. Na primeira chance, quando pousei no aeroporto de Recife, enviei para a minha mãe, peguei o carro, não olhei mais o celular, só fui olhar quando cheguei em casa, e vieram as confusões de sempre: "Tá, mas você é gay? É isso?" Essa é uma confusão muito natural, então lá vou eu esclarecer: "não, mãe, não é assim" e não tinha muito o que dizer, porque, na verdade, eu também não sabia muito bem e não estava tão preocupada com isso, eu só queria me olhar no espelho e ter orgulho de quem eu sou, me reconhecer de verdade como eu sou hoje.

Minha mãe me pediu alguns dias para contar para o meu pai e, nesse meio-tempo, ela me bombardeava diariamente: "Procura um psicólogo!", e eu respondia: "Mãe, já procurei, quer conversar com ela?", ou um: "Procura uma igreja!", e lá vou eu novamente: "Mãe, eu vou todo domingo, estou em paz com isso." Foi um dos pilares ruindo, então "isso não existe", me mandava fotos de quando eu era criança, me lembrava sobre as cirurgias e dos procedimentos na perna em que, de fato, ela sempre me acompanhou, até que chegou o dia que eu pedi para ela parar um pouco, eu estava indo do êxtase ao banho frio diariamente sobre essa minha nova existência, nesse meio-tempo, minha mãe não resistiu e contou para o meu pai e eu contei para a minha irmã mais velha, e de tudo isso, eu posso dizer que ficou um grande vazio.

De todos os meus familiares, a única que ficou talvez nem dez segundos em silêncio, tempo rápido para processar a informação, foi a minha prima e também comadre, foi o silêncio que foi quebrado por um "estou aqui para ajudar, entendo que é muito coisa para entender", dentro do meu círculo familiar, foi a única que nunca me tratou diferente, nunca me virou a cara, nunca me menosprezou.

Eu entendi quando minha mãe me disse que não tinha me criado assim, entendi que para ela era um processo de luto, mas a diferença é que nesse processo ela teve todo o apoio familiar, eu estava em um grande processo de mudança sem apoio familiar nenhum, e infelizmente a minha história é exatamente igual à grande maioria de meninas e meninos trans, e é uma coisa muito dolorosa, com um grande impacto na vida, no momento que eu mais precisei, ficamos apenas eu e a Liza (minha filhota de quatro patas) passando por grandes felicidades, inclusive, até grandes conquistas, mas não tinha as pessoas mais importantes pra mim ali, foi um momento bem difícil, que talvez pelas minhas conquistas, sou graduada, concursada e fiz carreira dentro do banco em que eu trabalho, sempre fui uma pessoa religiosa, honesta, talvez até mais com os outros do que comigo, sempre fui uma pessoa que pagou devidamente seus impostos, sempre fui consciente dos meus privilégios e sempre tentei, dentro das minhas possibilidades, diminuir as desigualdades sociais que nos cercam, nunca esqueci o "honra teu pai e tua mãe" e nunca cometi nenhum crime na vida adulta. Na infância, vocês já sabem que eu roubava docinhos, então eu achava que esse momento seria passageiro.

Não vou dizer que eu esperava ser perdoada, porque não considero um erro a minha transição, mas eu esperava que, depois de passado o susto, o luto pelo filho homem perdido, pelo menos, o amor falasse mais alto, que a saudade fosse mais forte do que a intransigência cega, a moralidade que julga e não cede espaço para estender a mão para o filho que sempre se esforçou para não decepcionar, para não desagradar. Eu não esperava ser recebida com tapete vermelho, mas eu não esperava ser esquecida, apagada, jogada no limbo como se eu tivesse realmente morrido ou, pior, nunca tivesse existido. Não, eu sabia sim, só que eu torcia pelo melhor, eu torcia para que não fosse para o resto das nossas vidas assim.

O GRANDE DIA

"Encontrar pessoas dispostas a nos apoiar ou apenas respeitar nossa identidade é algo que acalenta o nosso coração que normalmente, nesse início de processo de afirmação de gênero, está tão fragilizado. Você não precisa concordar ou discordar, apenas respeite o nosso direito de existir, tenha o mínimo de empatia e já estará de bom tamanho. Se for um profissional que atua com o público, seja respeitoso e ético, como seria com qualquer pessoa cisgênero. Não queremos ser tratadas com deferência, apenas com igualdade.

O termo correto para descrever todo esse processo de mudança externa que vivenciamos é afirmação de gênero, pois estamos apenas externando o que já somos por dentro, e usar o termo como transição pode dar a impressão de que de fato algum dia fomos integralmente algo diferente do que somos agora."

Era chegado o grande dia, o começo de tudo em definitivo, e embora eu já estivesse no cargo de gestão há um tempo, era tradição até aquele momento fazer um curso, seria um curso em Brasília, na sede da empresa, onde rola todo um rótulo social, além de alguns conhecimentos primordiais para uma boa gestão, é um curso bem interessante de primeira investidura, então, mesmo após um pouco mais de um ano no cargo, eu fui chamada para fazer esse curso e, uma vez que eu já tinha dado *start* em todo aquele movimento de transformação pessoal, me recordei da promessa que eu tinha feito para a minha equipe, e não para mim mesma, de só fazer tudo aquilo que eu pretendia nos próximos cinco ou dez anos, ou mesmo em outra agência, só que era uma porta que se abria, era uma chance única, muita gente do próprio banco já conheciam a Marcela, mas a temporária, porque, antes de ir para agência, eu tinha precisado me desmontar, e ali era a possibilidade de fazer algo definitivo. Ali eu podia enterrar o nome antigo de vez, de destruir o armário, que foi o meu lar até então, e de dar as boas-vindas em tempo integral para a Marcela e colocar que eu agradecia o que tinha sido feito até ali, mas que era chegada a hora de assumir por completo quem eu era de verdade.

Começado todo o processo, me recordo que eu cheguei a contratar uma personal stylist, que, contrariando até os próprios conceitos, me ajudou, porque entendeu o que eu queria viver, ela não era uma consultora de roupa masculina, mas de moda feminina, e me deu um norte para todos os pequenos passos que me faltaram na infância, aquele básico sobre maquiagem, sobre unhas, sobre roupas e algo que até então sempre me foi proibido, inclusive questionar, perguntar ou pesquisar, era inimaginável eu dar qualquer tipo de pinta, e eu fui aprender. Comprei algumas roupas e é até um pouco interessante experimentar roupas femininas sem, de fato, ser apresentada como mulher para a sociedade, essas aulas incluíram uma sessão de fotos, como forma de verificar formas do rosto e corpo e para eu entender como funciona a composição dos looks na real, além de ser um primeiro book fotográfico. Quem sabe um dia, as passarelas que me aguardem.

Logo no começo desse processo, fiz uma grande amiga que me indicou seu cabeleireiro em Recife, sendo que foi ele que indicou essa personal stylist. Ambos eram uns amores de pessoa e se empenharam de coração para a realização dessa nova fase.

Marquei então para fazer um alongamento no cabelo de quarenta centímetros. Com o cabelo comprado, bastava agora esperar o dia. Uma questão importante é que dentro do meu imaginário feminino, o cabelo sempre foi algo importante, talvez porque até hoje minha mãe e irmãs usem cabelo comprido ou mesmo porque eu nunca pude ter um, pois é algo que sempre foi associado pela minha família como do universo feminino.

Nas palavras do meu Pai: "homem de cabelo comprido é coisa de viado", curiosamente hoje, mesmo após ter construído tantas coisas e também desconstruído, ainda não consigo desprender do meu suado cabelo na altura do ombro, sendo que agora já ralinho e natural, mas são meus.

Com unha de gel posta, chegou o grande dia, e novamente dia 27, a terceira vez que se repete algo importante nessa data, e com apenas um mês para o meu aniversário biológico, chega o aniversário de nascimento da Marcela para o mundo de maneira definitiva.

Foram doze horas sentada na cadeira do cabeleireiro para que fosse colocado fio a fio, cacho por cacho, e ainda no final tinha a maquiagem, e ali fechando o dia em lágrimas e regada a champanhe, era o momento do "bem-vinda, Marcela".

Tive sorte, durante esses primeiros momentos na minha jornada, fiz amizades incríveis, amizades fantásticas, e mesmo com tudo, eu ainda mantenho essa parte religiosa muito forte e é por isso que eu acredito que Deus foi tão bom que colocou as pessoas certas na hora certa na minha vida, foram momentos incríveis.

Havia ainda um domingo antes de ir para Brasília, e ali comecei a ter as primeiras experiências de transfobia, mas que, até então, eram apenas vislumbres do que se passava. Me recordo que eu não sabia andar de salto, não tinha esse conhecimento prévio, e tantos outros que eu poderia ter aprendido de outras formas, cheguei a ir passear no shopping, mas acompanhada com muitos olhares de reprovação, o que nos faz pensar um pouco sobre a real liberdade de ir e vir e que não somos todos que nos beneficiamos dela. Aqui talvez boa parte das pessoas não deem a devida atenção, mas só quem passa por isso sabe o quanto dói não poder frequentar muitos lugares, e olha que ainda tivemos certo avanço nesse sentido. Houve um tempo, aqui em São Paulo, que para as pessoas trans era somente reservado a existência em alguns poucos lugares, tais como a região da República ou Largo do Arouche, e nem sentar para comer em restaurante era permitido. Hoje, devido à lei, as agressões físicas e verbais ainda passam por um segundo de análise antes de serem efetivadas, mas não vamos nos iludir, ser xingada em shopping, expulsa de loja de roupa feminina mesmo tendo dinheiro para comprar, ser agredida e morta apenas por estar na rua às sete da manhã, indo para o trabalho, ainda é uma realidade constante. Iniciamos nossa verdadeira jornada sabendo dessa realidade, mas ela se mostra muito pior do que os nossos temores.

Chegou o dia de ir para Brasília, onde, com o início do curso, um grande evento me aguardava, muitas pessoas me conheceriam, em um momento que o meu nome civil não tinha sido alterado ainda, mas que era magnânimo estar ali em um curso com essa importância, de primeira investidura, junto com outros cento e oitenta gestores de todo o Brasil. Eu estava tornando isso inédito para o banco também, era a primeira mulher trans em cargo de gerência, quiçá, no sistema financeiro.

Cheguei a Brasília depois de muitos desafios, porque a questão do nome era uma coisa muito pesada, até então já tinha toda uma parametrização feminina, a Marcela já existia para o mundo, mas isso ainda não tinha sido documentado, houve todo um desafio para pegar o avião, fazer check-in no hotel, fazer todas as pequenas coisas na dependência de pessoas que têm o poder de transformar isso em uma situação simples e facilmente contornável ou transformar em algo horrível a ponto de acabar com o seu dia. Não me recordo de ter tido nenhum grande percalço por conta disso, mas é uma lembrança bem forte.

O curso foi iniciado na segunda-feira, havia todo um manual de vestimenta padronizado, todos os homens com seus ternos e gravata, todas as mulheres com seus looks sociais muito bem definidos ali, e eu tentando me adequar aquela nova forma de vestimenta junto às outras mulheres, mas volto a repetir: sem todo aquele conhecimento prévio de vestimenta e obviamente chamando a atenção de muita gente.

Minha primeira grande aparição tendo que interagir com bastante gente, havia muita coisa para processar, muita informação para filtrar, eu era como um supercomputador que queria entender tudo ao mesmo tempo, encontrei boas pessoas que conheciam a minha história de algumas matérias e foram conversar comigo para que eu não ficasse sozinha. Ao me sentar nas poltronas do auditório junto com os outros participantes do curso, me surgiu a preocupação da hora em que seríamos chamados um a um pelo nome, me levantei e conversei com um dos organizadores e pedi que me chamassem pelo nome social, ao que fui prontamente atendida, evitando assim um primeiro constrangimento geral.

Terminadas as formalidades, cada qual indo para sua sala de aula, uma das primeiras atividades propostas foi a de justamente dizer o porquê você estava ali, eu aguardei a minha vez, com aquela mistura de desenvoltura com nervosismo, ouvi muitas histórias de superação, não é tão trivial chegar a um cargo de gestão, muitas histórias de vida extremamente interessantes.

Quando chegou a minha vez, eu me apresentei brevemente, contendo a emoção, e talvez a partir dali uma frase que me fascina dizer e ouvir até o dia atual que é "eu sou a Marcela Bosa". Terminei aos prantos, o que já era de se esperar, foi difícil na verdade segurar o choro em vários momentos acho que até hoje, ainda passo por momentos em que é muito difícil conter as lágrimas, mas o que eu chorei nesse primeiro ano deve ter sido maior do que chorei em toda a minha vida pregressa.

Chorar sempre foi algo proibido também, meu pai se valia daquela sua verdade que homem não chora, homem não pode chorar, então, a menos que seja em uma grande tragédia, o homem de verdade não deveria derramar uma única lágrima, e acho que esse compartimento que durante a minha vida foi obrigado a ficar fechado se partiu e as lágrimas acumuladas se viram livres, eu me vi livre para chorar, para me emocionar com as pequenas e grandes coisas da minha vida.

Tive muitas interações boas durante o curso, receptividade e aceitação, mas claro também algumas reprovações, olhares atravessados, o banco estava aberto a essa diversidade e, independentemente das pessoas ali gostarem ou não, era necessário que se tivesse o respeito, a postura profissional independentemente das opiniões pessoais. Eu tinha méritos para estar ali, e a minha presença já falava por si.

Pude usar com orgulho a frase que me fascina "Meu nome é Marcela Bosa" junto com a "e eu sou uma gestora", estava ali para mostrar que competência não tem gênero, competência não tem credo, competência é algo do ser, deixando claro que essa competência nem sempre é reconhecida, que para algumas pessoas a ascensão profissional vem com muito mais degraus a se subir, muitos mais espinhos para se evitar, mas a competência é necessária para se estar em uma certa posição e se sentir orgulhoso dela.

Mesmo com todas as dificuldades, mesmo abrindo mão de muitos privilégios, eu não retrocederei nenhum centímetro, o caminho é doloroso e solitário, mas eu não abriria mão de ser quem eu sou hoje por uma trajetória mais fácil, porque seria fácil apenas na superfície, por dentro o custo não vale a pena, nada se compara a usar a frase "eu sou a Marcela Bosa, muito prazer!".

Tive ainda o privilégio de poder dizer algumas palavras ao fim do evento, onde recebemos uma placa comemorativa sobre a conquista da primeira gerência geral, e como é bom poder falar livremente, sendo quem a gente é e sabendo que seremos respeitadas e consideradas por nossas competências.

No retorno para minha querida Pesqueira, tive ainda a grata surpresa de um café da manhã com a presença do meu chefe imediato e demais gerentes-gerais de cidades vizinhas. Só não chegou a ser tão surpresa assim, pois me pediram para não chegar às oito, meu horário habitual.

Passado esses gloriosos momentos, era hora de voltar para a rotina, no começo não é fácil, e eu inclusive precisaria dar um tempo para meus funcionários se adaptarem ao meu novo nome e pronomes, na minha maneira sistemática de ser, dei três meses e, em tom de brincadeira, já avisava que, se após esse tempo ainda errassem, eu iria começar a subir nas tamancas.

Infelizmente, nem tudo são flores dentro do ambiente corporativo, e acho que um dos temas que mais dá trabalho é justamente também minha sina: o uso do banheiro. Desde o primeiro momento em que eu decidi viver como quem eu realmente era, eu nunca cogitei usar outro banheiro além do feminino, porque é quem eu sou e automaticamente seria muito estranho e doloroso utilizar o banheiro masculino, e nesse caso, é importante ressaltar que esse é um tema sensível para pessoas trans, assim como para pessoas cis, mas por motivos diferentes, assim como o uso do nome de batismo se torna algo um tanto agressor para alguns, o uso obrigatório do banheiro do seu gênero de nascimento também é.

Desde o primeiro dia, uma funcionária deixou claro seu desconforto sobre eu usar o banheiro feminino, fui chamada e tive que ouvir barbaridades como "somos mulheres casadas, sérias, de família, de bem", como se eu não fosse também uma mulher de família ou de bem. Foi solicitada uma reunião para que o tema fosse debatido, e isso foi algo que realmente me deixou sem forças, por coincidência, no dia que a reunião foi marcada, eu tinha que ir visitar um cliente, aproveitei e deixei a agência, honestamente eu não tinha forças para me defender, não existia isso de fazer valer o meu cargo ou o meu direito assegurado por lei, porque eu dependia dos meus funcionários, enquanto homem hétero tudo parece ser permitido, errar e inclusive não entregar as metas, mas se já é mais exigido de mulheres cis em cargo de gerência, imagina de uma mulher trans, então eu não podia simplesmente bater de frente, além do fato que trabalhar em um ambiente desagradável não seria bom para ninguém, quanto melhor o ambiente e as relações interpessoais dos funcionários, melhor os resultados. E eu precisava continuar entregando os resultados. Mesmo sendo uma viciada em trabalho que tem dificuldade de almoçar no horário, após a visita ao cliente, não retornei para a agência, fui até uma igreja que ficava em um morro no meio do caminho para rezar. Pedi amparo, orientação e sabedoria e Deus me respondeu usando a pessoa mais improvável da agência.

A agência era grande, com cerca de vinte funcionários, e durante a reunião tive uma grande e feliz surpresa, justamente um funcionário, homem, hétero, casado, na casa dos seus quarenta e poucos anos, quase cinquenta, tomou a frente e disse que eu, como mulher, deveria usar o banheiro feminino e ponto, além de ser um direito, simples assim, que o banheiro feminino consistia em duas cabines individuais bem fechadas para que se fizessem as necessidades e que, longe do imaginário dos demais, não era um espaço onde as mulheres se reuniam em uma roda de comadres às portas abertas e que, a menos que se estivessem fazendo banheirão na agência, ninguém veria ninguém.

Tão improvável defensor, mais a lembrança de que o banheiro feminino tinha apenas duas cabines individuais, fechadas e com porta fizeram com que todos abandonassem essa funcionária sozinha em sua reclamação, os próprios funcionários entenderam que não tinha um motivo plausível para que eu não pudesse usar o banheiro feminino. Fiquei sabendo do resultado da reunião e desse apoio improvável, fiquei muito feliz e recebi ali uma lição: o preconceito não viria de determinado gênero, determinada cor, determinada faixa etária ou de determinada religião. Eu iria conhecer pessoas religiosas de boa índole, extremamente bem resolvidas e pessoas sem religião totalmente preconceituosas chegando a ser nojentas, pessoas com graduação, doutorado extremamente transfóbicas, racistas e preconceituosos em todos os leques em que se pudesse apresentar a palavra preconceito e pessoas sem o primeiro grau completo com muito mais entendimento da vida e das pessoas. E ali eu tive a prova viva disso, a pessoa que atendia todos os estereótipos para agir de forma preconceituosa foi a que viu e, além disso, se posicionou, porque também tem quem sabe que determinada ação não é correta, mas com medo de ser mau interpretado ou por receio de se indispor com os outros se omite, e ele não foi omisso e nem conivente.

Também entendi que independentemente da pessoa ser pertencente a um grupo considerado marginalizado, não impede que ela tenha atitudes preconceituosas referente aos outros. Já perdi a conta de quantas vezes escutei como desculpa para eventuais erros cometidos a justificativa "A, mas eu sou gay", como que se isso fosse prova que a pessoa detém todo o conhecimento do mundo e a deixa blindada de errar.

Passada essa questão do banheiro, houve algumas outras situações, e eu ainda morava em Pesqueira, e em cidade pequena a gente costuma brincar que existe o prefeito, o padre e o banqueiro (ou no meu caso, bancária), então nas primeiras semanas, eu parecia atração de circo na cidade, as pessoas não conseguiam assimilar que a mesma pessoa que era respeitável, devido à profissão, também era agora marginalizada por conta da identidade de gênero, por conta de ser uma mulher trans. Não era comum para aquelas pessoas ver a mulher trans ou travesti fora da prostituição ou das áreas de estética, ver uma mulher trans em um banco e em um cargo de liderança era algo inédito, então muita gente bloqueou a senha de propósito para ver se eu realmente existia, foi procurar informações de como abrir conta só para ter certeza de que aquilo de fato estava acontecendo.

No período que morei em Pesqueira, pude observar um fato interessante e acho importante desmistificar algumas coisas, muitos moradores de fora do nordeste acreditam que o nordestino em sua maioria é preconceituoso, que são simplórios e não entendem algumas coisas, mas eu fui para lá no período da seca e as pessoas estão preocupadas com a falta de água, em como vão colocar um prato de comida na mesa, em como vão solucionar os seus problemas e não têm tempo para cuidar da vida dos outros.

Quando as pessoas estão bem em suas classes sociais, quando elas estão com seus pratos cheios e não têm conhecimento real da fome, da dor e do descaso, elas têm tempo para emitir opiniões preconceituosas sobre a vida do outro, têm tempo para destilar ódio pela internet, para falar besteira da vida alheia.

Eu sou grata à cidade de Pesqueira, onde construí o meu processo e ao povo do nordeste, posso dizer que é a cidade de nascimento da Marcela, então meu coração é nordestino. Finalizado meus seis meses, já tinha desempenhado meu trabalho na cidade e sempre alçando voos, fui selecionada mais uma vez para o Inspira, novamente não fui escolhida para palestrar e aproveitei que estava em São Paulo para uma seleção, conversei com o diretor, sempre mostrando meus méritos, meus resultados, de grande movimento com pessoa jurídica, de ações específicas com venda de varejo que eu sempre busquei fazer fora do convencional, mas dentro das bases éticas, é claro. E após um período, deu certo uma promoção para São Paulo, ainda estava no processo de alteração do nome e, mesmo assim, fui super bem-recebida, soube inclusive que houve todo um preparo na minha agência junto aos funcionários a respeito de quem eu era.

No dia da minha posse em um dos bairros centrais, com uma grande concentração de imigrantes, próximo a uma das maiores igrejas evangélicas do Brasil, vieram muitas pessoas para esse meu primeiro dia e isso foi bem significativo. Tudo ia bem, tudo estava fechando, e chegamos às eleições, existia uma sensação de mudança, o momento era propício para melhoras, mesmos funcionários que não eram tão bons assim pareciam suscetíveis a melhora.

Mas as eleições regadas a muito ódio, regadas a fake news, antes de serem finalizadas, já tinham cheiro de estagnação, mas claro que estávamos longe de imaginar como seria, antes fosse apenas estagnação, mas houve retrocessos generalizados, as pessoas que até então se continham em seus preconceitos transfóbicas, homofóbicas e racistas de repente ganharam voz, eu costumo dizer que foi um período de trevas, porque lindos movimentos, até mesmo campanhas internas do banco, foram suspensas, o avanço em linhas bases da diversidade dentro do banco parou, além dos cursos e do que podia enriquecer o desenvolvimento dos funcionários terem sido cortados, por motivos esdrúxulos. E quem dera tivesse sido apenas isso, quem dera que as eleições tivessem tido apenas esses aspectos negativos, como a própria história irá contar e não eu, que foi bem pior, e aquela máxima de "ninguém solta a mão de ninguém" não existiu, muitas mãos foram soltas.

VIDA NOVA, MESMO MUNDO

"A maneira como nos enxergamos é algo muito particular e varia de pessoa para pessoa. Somos diariamente bombardeadas por muitas informações e, no caso das mulheres trans, acredito que essa busca pela perfeição seja até maior pela necessidade de aceitação. A busca pela tal 'passabilidade' é algo que principalmente nos primeiros momentos chega a ser uma obsessão e uma forma de afirmar para o mundo que somos mulheres. O termo passabilidade (em inglês, 'passing') significa a possibilidade de uma pessoa ser lida socialmente como membro de um grupo identitário diferente do seu pertencimento originário. Ou seja, é a capacidade de uma pessoa trans se passar por cisgênera, por exemplo."

Por sorte, hoje em dia a quantidade de procedimentos existentes são muitos e existe muita informação. Por outro lado, os custos costumam ser altos, com procedimentos que podem facilmente ultrapassar a marca dos cem mil reais, muitos procedimentos estão disponíveis pelo SUS, mas a fila pode ultrapassar os dez anos e a grande maioria dos planos de saúde reluta em aceitar cobrir os procedimentos, pois consideram como cirurgias estéticas.

Lutamos por aceitação social, por isso que boa parte das pessoas trans se sujeita a ficar dias em cima de camas de hospital para que com isso consiga reduzir, mesmo que minimamente, o desprezo que sofremos da sociedade. Em pleno 2023, o Brasil é ainda pelo décimo quarto ano consecutivo o país que mais mata pessoas trans no mundo (sim, já disse isso antes, mas é preciso repetir devido à gravidade), sendo que continua sendo o país que mais consome pornografia trans também. Ou seja, somos um corpo sexualmente aceito, mas como pessoas, não somos aceitas nas empresas, nas escolas, nos seios familiares, nem mesmo nos nossos, nas ruas apenas à noite e para os programas, no mais, morremos na grande maioria. Com isso, ter os traços mais parecidos possíveis com os ditos femininos chega ser uma questão de sobrevivência para muitas. Algumas, inclusive, sonham em ter uma vida em que o ser trans seja apenas uma lembrança distante do passado.

Mas em sua maioria o que encontramos é o falso elogio "você é tão bonita, nem parece trans, parece até mulher de verdade", como se não fossemos mulher de verdade, e isso é tão desrespeitoso conosco, com a nossa história e com as nossas lutas, mas, na maioria das vezes, damos um sorriso amarelo, um leve dar de ombros e seguimos, só mais uma ofensa disfarçada de elogio para a coleção.

Acho que a primeira questão que a gente precisa levantar é que quando uma pessoa está no início da transição, eu vejo muito, a pessoa inicia sonhando com as cirurgias faciais e de redesignação, e essa necessidade vem, sim, de certa necessidade de aceitação social. Somos mulheres, independentemente de qualquer coisa, mas se vive em sociedade, se depende da sociedade, se trabalha na sociedade, se depende de uma série de questões relacionadas à aceitação, então é muito comum nesse primeiro momento você ter essa avalanche de anseio, de dúvidas, e com o tempo é importante que a gente entenda que não é isso que nos define enquanto mulher, a questão da disforia com o órgão genital não quer dizer necessariamente que a pessoa é ou não é mulher, é travesti ou é mulher trans. Existem mulheres lindas, maravilhosas, que não têm disforia de gênero, que é uma condição caracterizada pelo desconforto persistente com características sexuais ou marcas de gênero que remetem ao gênero atribuído ao nascer. A orientação sexual da pessoa com a condição pode ser qualquer uma e não é analisada. Essa condição não se trata de uma depravação sexual. O objetivo do tratamento endócrino, psicológico e cirúrgico está em levar o indivíduo a se sentir mais confortável com sua identidade de gênero, aumentar seu bem-estar psicológico e atingir a autorrealização.

Frequentemente o tratamento inclui hormônios e cirurgia de redesignação sexual. Para alguns autores, sobretudo no campo das ciências humanas, a vivência de um gênero (social, cultural) discordante com o típico de um determinado sexo (biológico) atribuído no momento do nascimento não é compreendida como uma patologia ou como um transtorno, mas, sim, como uma questão de identidade. Por isso, mais adequado seria falar em transgeneridade. Deixou-se de usar o termo transtorno de identidade de gênero e transgênero por não ser o termo médico correto, e assim usar o termo correto, disforia de gênero. No entanto, a transgeneridade é considerada um transtorno de identidade de gênero pela Classificação Estatística Internacional de Doenças e Problemas Relacionados com a Saúde (CID 10) e, no Brasil, é essa classificação que garante às pessoas transgênero o direito à terapia hormonal, à psicoterapia e à cirurgia de redesignação sexual, mas infelizmente, assim como muitos outros tratamentos, esse é de difícil acesso à grande maioria das pessoas que necessitam dele com qualidade.

Já enquanto Marcela, vivendo ainda nas primeiras semanas de vida plena, e após o desastre do médico de Santa Catarina que me desestimulou totalmente, e como em diversos outros casos, aparece todos os tipos de profissionais querendo uma forma de lucrar em cima. Procurei um médico em São Paulo, para esclarecer as minhas dúvidas sobre a cirurgia de redesignação e ele foi extremamente atencioso, inclusive me explicou sobre o prazo de dois anos para poder fazer a cirurgia no Brasil, ele me explicou tão bem que eu perguntei sobre as próteses mamárias, que na época nem eram o meu objetivo primário, e de tão simpático e querido que é esse médico, que eu tenho uma grande admiração e respeito, com sete ou oito meses que eu tinha iniciado todo o meu processo de mudança, eu fiz a cirurgia de mama. Por ter um lado muito racional, aquela emoção que normalmente acomete as pessoas logo após despertar da cirurgia só foi me acometer uns quatro dias depois, quando eu me olhei na frente do espelho e pensei: "nossa, essa sou eu, que incrível tocar nos seus seios" e me recordo que, assim que eu me recuperei e sai do hospital, a primeira coisa que eu fiz foi ir até uma loja de lingerie, dessas que medem o nosso o tamanho na hora, e comprei meu primeiro sutiã de renda, quase como que um primeiro valisere igual ao daquela famosa propaganda de 1987, sutiã esse que guardo e uso até hoje.

Ser uma pessoa trans pode ser bem solitário, a parte amorosa passa a ser muito mais complexa e, quando eu digo amorosa, falo sobre relacionamentos duradouros, somos procuradas, de fato, mas eu, por exemplo, sou romântica, já fui casada e sou bem caseira, daquelas que adora assistir a filme de streaming junto no sofá e dormir de conchinha. E por mais que agora tenhamos um entendimento de nossos corpos, podendo inclusive explorar nossa sexualidade de maneira completa, justamente porque estamos mais confortáveis com nossos corpos e isso por si só já aumenta a libido, o complicado é que não nos aceitam como nada além disso.

Para a grande maioria dos homens héteros não somos mulheres, e se nos querem, é quase sempre às escondidas, isso inclusive independentemente de ter feito a cirurgia de redesignação sexual ou não, e mesmo para algumas mulheres lésbicas, não somos vistas como possíveis parceiras de vida.

No caso das mulheres trans, temos a perda dos privilégios masculinos e, às vezes, demora um pouco para entender pequenas coisas, no meu passado, eu sabia que ao andar na rua à noite eu podia ser assaltada e perder dinheiro, os documentos e o celular. Hoje, além dos perigos inerentes a todas as mulheres, ainda corro o risco de ser morta por intolerância e preconceito, com o risco de não ter nem o nome respeitado nas manchetes de jornais, como popularmente acontece.

DO OUTRO LADO DO MUNDO

"Eu queria muito saber na época que iniciei minha jornada o que sei hoje, estava tão ansiosa para ser plenamente eu, que todo e qualquer tempo que eu tivesse que esperar me parecia um desperdício, eu já tinha perdido tantos anos, presa dentro daquela casca que não me representava de tantas formas, eu queria que o casulo se rompesse e eu pudesse sair plena, como a borboleta, abrir minhas belas asas e alçar meus voos, mas assim como a borboleta precisa de tempo dentro do casulo para sair completa, acredito hoje que também precisamos nos dar tempo, entender nossa disforia, seguir todos os passos e subir degrau por degrau, eu, na minha pressa e na minha ansiedade nata, peguei um atalho, um elevador, por assim dizer, e, mesmo que não exista arrependimento, entendo que é necessário mais do que a cirurgia para que possamos viver plenamente a nossa identidade, eu hoje operaria no Brasil, aguardaria os dois anos de acompanhamento, e isso não me faria mudar de ideia sobre a operação, só que as desconstruções internas viriam antes da construção externa."

A questão do processo da cirurgia de redesignação foi muito bem esclarecida pelo médico que colocou as minhas próteses mamárias, mas, quando você inicia essa nova vida, normalmente se torna muito ativa em grupos de redes sociais sobre o tema, para tirar dúvidas ou mesmo para fornecer informações adquiridas, e foi o que aconteceu comigo, em pouco tempo, eu soube de um cirurgião muito conceituado na Tailândia, Dr. Kamol, que faz cerca de duas a três cirurgias de redesignação diariamente, reconhecido internacionalmente como especialista na área, e soube também que lá, diferente do que ocorre no Brasil, não tinha esse prazo mínimo de dois anos para poder fazer os procedimentos, o que para quem estava naquela pressa, naquele gás de fazer a cirurgia o mais rápido possível, poderia ser a solução perfeita, o problema era o financeiro.

Lembro-me de cor que o valor na época era de trezentos e três mil baht, que é a moeda local, que convertida em reais ficaria em torno de trinta, trinta e cinco mil reais, com passagem aérea, alimentação e hospedagem, ficaria em torno de cinquenta mil reais tudo. É uma quantia exorbitante, não são todas as pessoas que conseguem dispor desse montante, não têm ajuda dos planos de saúde, muitas pessoas trans precisam entrar na justiça para conseguir alguma coisa, apesar de ser um direito adquirido a pessoa trans ser assistida por uma equipe multi (psicólogo, endocrinologista e cirurgião), infelizmente estamos muito longe de que isso se torne efetivamente uma realidade, o que impede que muitas pessoas trans tenham acesso ao apoio psicológico, já que o familiar na maioria das vezes é nulo, que consiga de forma segura e prescrita os hormônios e que, em caso de disforia, tenha acesso garantido e seguro à cirurgia de redesignação de gênero, apesar de muitas vitórias junto ao SUS, ainda estamos aquém do cenário necessário para garantir o mínimo de dignidade médica para a pessoa trans. Mesmo no âmbito particular, além de dificuldade de acesso, ainda temos a insegurança, casos de pessoas trans negligenciadas em operações pagas que acarretaram óbitos que poderiam ser evitados com o mínimo de ética médica e, por que não dizer, até mesmo empatia humana, são mais comuns do que se imagina. Uma realidade que eu espero ver mudar em um futuro próximo.

No meu caso, eu me endividei muito, fiz empréstimo em cima de empréstimo, já tinha o custo com os hormônios, apesar disso, agradeço por ter a possibilidade de ter margem para conseguir os empréstimos que eu pago até hoje, e não é fácil, existem pontos como o de saúde, não são todas as pessoas que têm condições físicas de fazer uma cirurgia que dura de quatro a cinco horas, e sai direto para a morfina, então com todas essas questões têm, sim, muitas pessoas trans que tem disforia, mas não têm como fazer a cirurgia, o que torna o tema algo bem delicado para o indivíduo, ou seja, uma pequena dica de convivência: não pergunte se a pessoa é operada ou se pretende operar, o órgão sexual dessa pessoa assim, como o seu, é algo que pertence e cabe apenas a ela.

Às vezes, a pessoa vive esse momento de não conseguir realizar a cirurgia, por todas as questões que eu citei anteriormente, e pode ser que tenha que conviver com essa dor por toda a vida, ser lembrada dessa realidade constantemente só torna a situação ainda mais difícil, se a pessoa se sentir próxima, íntima e com confiança o suficiente em você, ela mesma vai tocar no assunto, não queira também induzir ou desencorajar a pessoa, eu não julgo quem fez a cirurgia e prefere esquecer o passado, eu prefiro me lembrar e falar a respeito, até mesmo para desmistificar o assunto, mas é algo muito pessoal, e respeitar a intimidade e a individualidade faz parte do respeito pela pessoa. Resumindo, por mais que se sinta curioso, não pergunte se a pessoa fez ou pretende fazer a cirurgia de redesignação de gênero.

Depois de fazer todas as pesquisas possíveis e de juntar os recursos (empréstimos, férias etc.), foi algo bem difícil, porque eu sempre tive muita conta para pagar, estava em meio às questões do divórcio ainda, mas marquei a cirurgia para o dia vinte e sete de setembro, o interessante é que o número vinte e sete me persegue e sempre acaba por coincidir com grandes acontecimentos na minha vida, como é uma cirurgia cara e do outro lado do mundo, na Tailândia, o voo com as conexões somam cerca de vinte horas de viagem e as passagens são extremamente caras, na época, eu gastei cerca de cinco mil reais, não tinha como me dar ao luxo de pagar para uma outra pessoa me acompanhar e, além disso, não tinha como pedir para que alguém parasse sua vida por quatro semanas para me acompanhar, é necessário ficar pelo menos quatro semanas lá, então era mais um ponto em que eu estava sozinha, indo para o outro lado do mundo, dividida entre a expectativa da concretização dessa operação, que pra mim era uma grande necessidade, e o medo desesperador do desconhecido de certa forma e a euforia da realização desse sonho.

    Se temos medo de operar no nosso país, com colegas de trabalho e amigos para notar a nossa ausência, agora imagina passar por uma cirurgia de grande porte como essa, longe de tudo e de todos que você conhece, é claro que a adrenalina e a cabeça não param um segundo. Por sorte, lá eles têm uma equipe muito bem preparada, com pessoas fluentes em espanhol e que arranham um pouco no português, tem todo um atendimento para pessoas de origem latina, responsáveis por quase a metade de todos os atendimentos do centro médico. Quem me conhece sabe que eu sou bem agitada e ansiosa, então no dia da viagem ao pegar a mala eu chorei, e foi aquela avalanche de pensamentos, porque eu estava indo para um país onde a língua principal não é o inglês, com conexão em um país árabe que a gente sabe que tem todas as questões religiosas, existem relatos de pessoas que foram presas e condenadas unicamente por ser LGBTQIAPN+.

Para meu azar, no dia, eu decidi ir extremamente arrumada, coloquei um brinco grande, cheio de metal e quando cheguei no aeroporto de Dubai para passar no detector de metal, apitou, tive que ir para uma cabine para explicar o que era e aí quando percebi que era o brinco, consegui esclarecer e deu tudo certo, mas a alma foi no céu e voltou. Quando cheguei no destino me deu um alívio, lá você tem um quarto para ficar enquanto não inicia os processos para a cirurgia, tive dois dias para conhecer um pouco o local, um dos funcionários que falavam espanhol tinha um parente que trabalhava com essa parte de turismo e eu consegui conhecer alguns lugares, fui no templo Buda de Jade, fiz até um passeio de barco, mas a cabeça sempre na cirurgia. Mesmo com pouco tempo para conhecer a cidade, eu me apaixonei pelo lugar, e um pequeno aviso é que tudo tem pimenta, no primeiro dia: cheguei em uma rede grande de fast-food e perguntei "o que não tem pimenta?", de trinta pratos diferentes, só dois não tinham, só comi isso tirando a comida fornecida no hospital. Se você não gosta de pimenta, a estadia vai ser um pouco difícil.

Tive a oportunidade de conhecer muitas pessoas, inclusive muitas brasileiras e de origens latinas, encontrei uma moça de um grupo do Facebook que tinha ganhado a cirurgia em uma rifa nesse grupo, foram contatos que me levaram a ampliar as minhas percepções, ali eu era minoria no sentido de ter um emprego formal, principalmente entre as latinas, em sua maioria, as meninas que estavam ali vivem da prostituição e você conhece histórias extraordinárias de sobrevivência, resiliência, meninas que, com dezenove, vinte anos, o primeiro valor que conseguiram juntar com a profissão foram fazer a cirurgia, pessoas mais velhas que juntaram a vida toda para poder operar, e vale lembrar que não apenas para a cirurgia de redesignação, cirurgias estéticas também são feitas lá, então é um contato que amplia a sua visão e agrega muito no sentido de se perceber como pessoa com certos privilégios, te faz refletir sobre as desigualdades em tantos âmbitos da sociedade, que isso não é exclusividade do Brasil e o quanto isso pode e se torna um empecilho para grande parte dos indivíduos.

A estrutura do hospital impressiona, são oito andares, sendo dois de centro cirúrgicos, espaço para hospedagem e uma equipe superafinada no atendimento. Todos muito simpáticos, as enfermeiras quase todas falam inglês, e mesmo se você não for fluente, consegue se virar tranquilamente. Logo na chegada, você tem uma consulta com o médico, ele verifica a quantidade de pele, esclarece dúvidas sobre o procedimento com a ajuda de um intérprete e marca o horário da cirurgia, as operações são feitas apenas à tarde, às duas ou às seis, e aí é só aguardar.

Antes de ir viajar, eu ganhei um terço de uma amiga minha e, mesmo sendo católica, eu nunca tive o hábito de rezar o terço com frequência, mas nesse dia, antes de entrar na cirurgia, eu rezei, não me recordava dos intervalos com precisão, mas ajoelhei no chão e rezei. Iniciei o jejum e os procedimentos menos legais começam, lavagem intestinal, retirada de sangue, já te deixam com os acessos nas veias prontos, atrasou um pouco para irem me buscar, e na hora de ir pra cirurgia, quando eu sentei na cadeira, comecei a chorar, passou tanta coisa pela minha cabeça, minha vida até aquele ponto, e enquanto eu chorava, a enfermeira com a maior paciência só falava "no cray, no cray". E fomos para o centro cirúrgico.

Você sobe o elevador e tem todo um ritual, e eu já sabia mais ou menos como seria, porque essa era a minha cirurgia de número dez, incluindo as da perna, fimose e visão, mas fazer essa cirurgia em um local de referência, acompanhada por várias enfermeiras, mais anestesista, uma equipe muito grande, te dá uma certa tranquilidade na hora. Colocaram-me em uma maca estranha, dessas ginecológicas, eles te imobilizam, e assim que eu já estava, pronta começou a coçar o meu nariz, aí lá vou eu tentar explicar em inglês (não era fluente na época), que queria coçar o nariz, consegui, cocei o nariz, me deram um "cheirinho" e logo em seguida apaguei. Acordei na sala de recuperação, acordei até com certo susto, por ser uma cirurgia extremamente invasiva, fica-se à base de morfina, não conseguia me mexer e também não senti dor num primeiro momento, como o quarto de recuperação não era individual, acordei com o ronco de duas outras meninas, que também tinham passado pela cirurgia, fiquei com uma raiva, não conseguia dormir, nem me mexer e a hora não passava, estava sem o celular, mas louca para mandar notícias para o Brasil, avisar que eu estava viva, lembrei do fuso horário, não sei quanto tempo fiquei ali deitada, sabia que estava noite, porque estava escuro.

Durante a manhã seguinte, fui levada para o quarto de recuperação dentro do complexo cirúrgico e fiquei no total de sete dias, você só consegue se levantar para ir tomar banho no quinto dia, não sei se é comum, mas eu não tive sono, fiquei quase os sete dias sem dormir, tirava rápidos cochilos e, para preencher o tempo, à televisão estava a disposição, interessante que só tinha um canal com conteúdo em inglês, e nesse canal só passava Harry Potter, decorei, porque só passava isso.

No primeiro dia após a cirurgia, o médico passa para ver como você está, retira o tampão que cobre a cirurgia, e o restante é apenas repouso, é uma cirurgia muito invasiva,- como se sabe, no terceiro dia se retira os pontos, mas ainda está longe do formato ideal, está muito inchada.

Mesmo que eu seja uma pessoa que não gosta de tomar remédio, pedi algo para dormir, que só foram me dar depois de três dias pedindo, e desconfio levemente que me enganaram, porque, como eu disse, não consegui dormir durante praticamente todo esse tempo. As horas não passavam, no quinto dia, pude finalmente tomar banho, para quem já passou por algum procedimento cirúrgico e teve que ficar tanto tempo sem poder ficar debaixo do chuveiro, sem sentir a água escorrer pelo corpo, sabe o quanto esse momento simples passa a ser esperado, fui com muito cuidado, com bolsa de urina, quase sem conseguir andar, dando pequenos passos, uma coisa tão simples se tornou uma coisa imensamente gratificante.

No dia da alta, eu contava os minutos, louca para sair dali, e a primeira coisa que eu fiz, ainda sem conseguir andar direito, foi sair do complexo hospitalar e comprar um chocolate quente. Na alta, eles me deram uma lembrancinha que eu tenho até hoje, que é uma almofada de hemorroida com estampa de elefantinho, a coisa mais linda. Sai com a almofada, uma bolsa enorme e linda para a sacola de urina e fui andando que nem uma pata choca atrás do meu chocolate quente, como eu degustei esse chocolate quente, é engraçado como damos valor a coisas assim, a liberdade de ir e vir quando nos vemos privados dela mesmo que por um breve período.

Durante a minha estadia, e nesse contato com as meninas, eu me percebi totalmente despida de coisas tão intrincadas em mim durante a vida, eu não era a Marcela bancária, não era a Marcela filha desgarrada, não era Marcela professora, eu era apenas a Marcela, uma nova Marcela, e esse contato multicultural me agregou de várias formas, tive a oportunidade de conversar com pessoas da Austrália, Japão, fiz amizade com uma colombiana, uma brasileira, quase apanhei de uma italiana quando, na tentativa de ajudá-la, me comuniquei usando o italiano de terra nostra (para os mais novos é uma novela da Globo), usei tanto o inglês que em dado momento fui cochichar com algumas recém-feitas amigas e me esqueci que elas também eram brasileiras. Foram momentos que se tornaram boas lembranças.

Passado um tempo, pude tirar a sonda, um rapaz e uma enfermeira me ajudaram a fazer a retirada no banheiro feminino, e esse rapaz era de uma simpatia, na verdade, todos eram, de uma simpatia surreal, se tivessem me sequestrado, com certeza eu teria síndrome de Estocolmo, porque a gentileza e a atenção que a equipe oferece é incrível. Retirada a sonda, é necessário começar o processo de dilatação, a anatomia fabricada está em processo de cicatrização, é necessário fazer a dilatação de manhã e à tarde, a princípio, é um momento muito aguardado, tive o auxílio de duas enfermeiras, é um processo longo e chato, as pessoas podem achar que é prazeroso, mas não é, fiquei deitada uma hora com um negócio entre as pernas tomando cuidado para não sair, tentei escutar música, conversar com as outras que também faziam a dilatação para me distrair e passar o tempo. Apesar de não ser prazeroso, é um processo necessário e que, por ser frequente, acaba por se tornar habitual.

Com a minha inquietação de sempre, pedi para sair um pouco antes de terminar a minha estadia e o médico autorizou. Fiz um passeio quase tradicional lá, que é ir a uma fazenda que abriga elefantes resgatados, então imagine você, caro leitor, uma pessoa que acabou de fazer uma cirurgia de redesignação de gênero, que ainda está toda estropiada, com a almofadinha de hemorroida andando de elefante, não recomendo nessas condições. Mas a fazenda tinha certificado de cuidado com os elefantes, todos resgatados de maus tratos e, em condições normais, seria um passeio e tanto, andei de barco pelos canais também, tendo experimentado o melhor sorvete de coco da minha vida.

Nos dias finais, chorei que nem criança inúmeras vezes (e qual é a novidade, né). Fiz questão de me despedir de todo mundo do hospital. Foram momentos mágicos que literalmente me transformaram em uma nova mulher, nova apenas, porque mulher eu já era.

No retorno para casa, bati outro recorde, que foi o de ficar sem dormir mais horas, comecei errando na conexão do voo, não pude pedir auxílio de alguém da companhia aérea para atravessar o aeroporto de Dubai que é gigante, então fui correndo sozinha, ainda parecendo uma pata choca, com muita dificuldade para não perder a conexão, consegui sentar na parte dianteira do avião, devido a uma carta fornecida pelo médico informando a minha condição, e passei dezesseis horas revezando a almofada de hemorroida com o travesseiro, andando pelo avião para ver se ajudava um pouco. Durante o voo, vi um flash vindo do banheiro e era uma moça com o quepe e o lenço de aeromoça tirando foto, eles emprestam para os passageiros, tirei a foto e disse que podia ser enviado para o meu WhatsApp, mas pouco tempo depois me entregaram uma Polaroid no meu acento, e foi um pequeno mimo nessa viagem de vinte horas que aqueceu o coração. Enfim, cheguei em terras brasileiras.

Tive uma recuperação muito boa no pós-operatório lá na Tailândia, não tive nenhuma infecção, nem estouro de ponto, mas, pouco tempo depois que eu cheguei no Brasil, eu tive um problema e, para minha grata surpresa, pude contar com o médico que fez meus implantes de mamas e que teria realizado a minha cirurgia se eu tivesse aguardado o prazo mínimo daqui, ele poderia se recusar, por não ter realizado a cirurgia, não colocar a mão em algo que ele não tinha feito, mas ele foi um profissional maravilhoso, me socorreu e me deu todo o auxílio que eu precisava. Passado o susto, vida nova, dilatação dia e noite, faça sol, chuva de granizo, tenha tufão ou que eu simplesmente esteja esgotada, sempre com muita higiene e com muito cuidado.

Na volta à rotina, escapei do INSS por pouco, utilizei as minhas férias para a cirurgia e mais quinze dias de atestado, sempre fui viciada em trabalho (hoje me reconheço como *workaholic*), sempre priorizei o banco, mas neste momento precisei me priorizar, a almofada também foi incorporada à rotina por um tempo, devido a eu trabalhar sentada. Já em casa, de volta à minha rotina, eu entendi um pouco a crise de choro que eu tive um pouco antes de voltar, eu chorei muito, mas muito mesmo, de alegria por ter concretizado o meu sonho, de tristeza por ir embora de um país com pessoas que em tão pouco tempo me cativaram, mas chorei muito por saber que não são todas as meninas que têm a oportunidade de operar, e mesmo as que operam, às vezes, não têm acesso a uma equipe tão humana, tão dedicada no cuidado físico e psicológico, tão preparada para nos acompanhar de forma digna e até carinhosa nessa etapa tão difícil.

MAIS DO QUE UM PAPEL

"Quando uma pessoa cis se apresenta para você, tenho certeza de que você diz apenas prazer e o seu nome em seguida, duvido que você ou qualquer pessoa pergunte: mas esse é o seu nome mesmo? Você apenas aceita que o nome dela é o que ela te disse e ponto. Personalidades como a Xuxa, Anitta e tantos outros não utilizam seu nome de batismo e têm esses nomes respeitados, não pode ser tão difícil respeitar o nome social de uma pessoa trans, independentemente de ela já ter conseguido finalizar o trâmite de troca de nome em registro ou não. Perguntar o nome de batismo é algo bem invasivo, é como se todo o processo de afirmação de gênero não tivesse valido de nada, como se todas as nossas perdas e lutas ao longo do caminho fossem totalmente ignoradas e que nós enquanto pessoas não fossemos respeitadas."

É interessante como cada pessoa trans tem uma história interessante sobre a origem do seu nome, para alguns é uma escolha junto com familiares ou então com alguma ligação com o nome de primeiro registro. No meu caso, diferente do que se pode pensar, não foi mudado simplesmente o gênero do nome.

Nossos nomes são as palavras que mais gostamos de ouvir em nossas vidas, e mesmo antes de eu saber que eu era a Marcela, eu lembro que já gostava desse nome. Não sei explicar o motivo, mas sempre tive grande simpatia por esse nome, ainda mais depois que li o seu significado "pequena guerreira".

Em minha maneira organizada de ser, já tinha a data programada para a Marcela nascer perante a sociedade, mas antes disso tive a sorte de o meu sensei de Judô também ser advogado, e foi ele que me orientou quanto ao processo.

Hoje em dia, houve o entendimento da real necessidade da alteração do nome no caso da pessoa trans junto ao STF e graças a isso, felizmente, está um pouco mais fácil a alteração, dispensando a necessidade de processo judicial para alteração de nome e gênero.

Não tem nem muito tempo, o processo era tão burocrático que para muita gente chegou até a ser exigido comprovante de cirurgia de redesignação de gênero, ignorando totalmente a realidade de que nem toda pessoa trans tem disforia e de que nem mesmo tendo a disforia, nem toda pessoa trans tem acesso à cirurgia, além de provas que vivia a muitos anos com o gênero requerido. Resumindo, uma burocracia sem real análise das necessidades dos indivíduos, uma desumanidade sem tamanho e extremamente vexatória. Mesmo com tudo isso, ainda tínhamos a sorte que no Brasil era possível, pois poucos são os países que permitem a alteração. Posso usar por exemplo a ganhadora do Oscar de melhor filme estrangeiro de 2016 *Uma mulher fantástica*, que até então não tinha tido o direito de alteração do nome no seu país de origem.

Juntei toda a documentação necessária e dei entrada poucos dias antes do grande dia, optei por requerer em um mesmo processo já a alteração de nome e de gênero, que são coisas distintas. Infelizmente, devido a vieses ideológicas enraizadas dentro do judiciário, temos casos de processos que demoraram anos, algo que para qualquer pessoa trans é sinônimo de muita dor e sofrimento, tendo que diariamente passar por problemas que a maioria das pessoas cisgêneras nunca imaginaram, como por exemplo uma simples consulta médica ou mesmo fazer um cadastro em alguma loja.

Por ser uma cidade pequena, eu tinha a esperança de não ser um desses casos de muitos meses ou ano, até mesmo porque não existe uma parte adversa, o que por lógica deveria ser então um trâmite rápido. Infelizmente, não foi como eu esperava. Tendo já feito o processo de afirmação de gênero, e mesmo com o uso de nome social em alguns sistemas do banco. Não ter o nome civil alterado é algo que gera grande desconforto em diversas situações que daria para ficar horas e horas explicando.

Eu, enquanto gerente-geral de uma agência, tenho como parte das minhas funções assinar diversos contratos, e com grande frequência vinha aquela dúvida, "mas quem é o fulano?", para quem não conhecia a minha história, era natural a dúvida, já que o fulano era eu e eu estava linda e loira bem diferente do que a assinatura daquele nome indicava.

Passados alguns meses, lembro que a dor e angústia eram tão grandes que fui ao fórum pedir para exercer o meu direito de falar com o juiz, sendo inclusive que já era uma pessoa conhecida por estar com frequência ali atuando como preposta em diversas outras situações.

Foram horas de espera, eu quietinha no banco do fórum aguardando por esse momento, até que de repente o juiz, ao ir na secretaria pegar um documento, me viu e me perguntou o motivo de minha ida. Me pediu para entrar, e de tanta emoção e ansiedade, mesmo sendo algo importante para mim, só consegui descrever a angústia de meu pedido, que já estava em processo de despacho final, não consegui nem terminar de falar direito, e com toda atenção, fui informada que provavelmente no dia seguinte estaria despachado.

Lembro que nem dormi naquela noite, contava os minutos para chegar às oito da manhã e ligar para o advogado, quando liguei infelizmente logo de imediato ainda não tinha saído o resultado. Até que próximo às onze horas da manhã, eu com cliente na mesa, o advogado me liga e diz que o processo foi deferido e que, portanto, agora eu era oficialmente "Marcela Bosa".

Cheguei a entrar em choque e a repetir "Eu sou Marcela Bosa" quase como um mantra, incrível que mesmo que fosse apenas um pedaço de papel, que em nada mudaria a minha essência de ser a mulher que sou, tinha um peso tão grande na minha história, um peso tão grande que cheguei a chorar ao ponto de não ter mais lágrimas para cair, pois, mesmo correndo o risco de parecer repetitiva aqui no livro, "Eu sou Marcela Bosa".

Era um grande passo em busca de uma vida plena, embora ainda tivesse muitos outros documentos para alterar, a importância de ver os primeiros documentos já com o nome e gênero que sempre foram meus não tem preço. O primeiro passo foi ir para Curitiba, no cartório onde fui registrada, seria meu primeiro retorno depois de toda a história com minha família. Fui privilegiada, pois peguei uma atendente extremamente simpática que em poucas semanas me deu a minha tão sonhada nova certidão de nascimento.

Como no Brasil nossos sistemas não são interligados, a lista de coisas a se fazer ainda era longa. Alterar na receita federal o CPF, depois o RG, depois a Carteira de Motorista e por aí vai. Alguns sistemas eram tranquilos para fazer a alteração, já outros eram mais complexos, como o próprio FGTS e o INSS que demorei mais de três anos para conseguir a correção. E nos próprios sistemas internos do banco onde trabalho, mesmo após alguns meses, ainda era comum receber e-mails de diretorias que não tinham atualizado sua base de dados.

Sei que pode parecer repetitivo, mas como é bom falar: "Meu nome é Marcela Bosa".

NÃO SOU APENAS UM PEDAÇO DE CARNE

"Ainda hoje, o Brasil é o país que mais mata pessoas trans no mundo, a expectativa de vida é de trinta e cinco anos, metade da de uma pessoa cis, somos vistas como um pedaço de carne, que pode ser xingado, espancado e morto, mas não apenas morto, porque as mortes têm sempre requinte de crueldade, nunca apenas um tiro, nunca apenas uma paulada, somos vistas como muito menos do que os demais e, no âmbito amoroso, ficamos invisíveis, somos aceitas para satisfazer a curiosidade e a fantasia de muitos, mas não somos a possibilidade de um amor para a vida, alguém para firmar um compromisso e apresentar à família e aos amigos, por exemplo. Somos aceitas e solicitadas para satisfazer, mas quase sempre somos o pequeno segredinho sujo de alguém, dificilmente nos aceitam como algo a mais que isso."

No meu caso, eu tive uma grande dificuldade no âmbito dos relacionamentos antes da afirmação de gênero, porque eu não conseguia me abrir realmente, ser franca sobre as minhas vontades e expectativas, até porque isso também não era totalmente nítido nem pra mim, mas a sensação constante de síndrome do impostor sempre esteve muito presente e, apesar de querer estar em um relacionamento, ter uma pessoa para dividir a vida, construir uma história, isso também me causava um desespero muito grande, porque eu já me sentia utilizando uma cis fake constantemente para interagir com as outras pessoas, se tornar próximo e íntimo de alguém me limitava àqueles pequenos momentos sozinha em que eu podia tirar essa máscara e me sentir relaxada ou tranquila, pode se dizer assim, todas essas dúvidas dificultavam um pouco essa questão, mas nem por isso quer dizer que não me esforcei.

Como já relatei, além de ter sido casada por oito anos, tive outras três namoradas em períodos anteriores e, mesmo que longe do que eu hoje considero ideal, tive por algum tempo um vislumbre do que é a vida a dois.

Interessante que o sentimento de se sentir bem é tão pleno que hoje já até consigo fazer piada com algumas situações que eu passo. Por exemplo, na hora de doar sangue, nas últimas vezes quando fui perguntada se tive mais de um parceiro nos últimos anos, perguntei se quem tinha tido zero parceiros ainda ia poder doar. E mesmo em um grupo de que participo, durante uma discussão sobre a monogamia e relacionamentos abertos, falei que a sensação de ter ficado para titia já é tão grave que a hora que eu sair da zerogamia já me dou por satisfeita. E nessas vou indo, usando o bom humor para contornar, quase já posso fazer um show de stand-up.

Após a afirmação de gênero, nos primeiros três anos, foram muitas coisas para resolver, a minha cabeça estava um turbilhão de pensamentos, eu tive que lidar com o final do meu casamento, vieram as questões profissionais e eu sempre fui viciada em trabalho, eu sempre fiz da parte profissional o meu eixo central e acabava por deixar meio de lado essas questões amorosas, talvez até como um ponto de fuga para não ter que encarar o problema, mesmo quando não tinha nenhum problema.

Posso dizer que não foi por falta de vontade, mas falta mesmo de oportunidade, sem muito tempo para encontros e festas, comecei a receber alguns pedidos para conversar.

Algo que vejo até como um padrão hoje em dia, mas que para mim, ali naquele momento, ainda era uma novidade. São conversas do tipo "oi", cujo "oi" se repete por vários dias até você responder.

Ou então conversas que já começam com muitos elogios e palavras bonitas. Justamente por nunca ter estado nesse papel de ser galanteada, tudo de início é muito deslumbrante. Foi nas minhas primeiras semanas em São Paulo que, entre algumas mensagens desse gênero, foi possível avançar na conversa, sem pedido de envio de nudes ou algo parecido.

Entre tantas coisas em comum, era também um gerente do mesmo banco que eu trabalho, só que de outra agência, justamente na mesma regional. Fato é que, depois de muita conversa, sugeri marcar para sair, ir em algum cinema ou mesmo tomar um café, posso dizer que ali já tive a primeira decepção enquanto Marcela, ele simplesmente respondeu: "tal dia não posso, já marquei de buscar meu filho na escola e sair com minha esposa".

Tive ali a sensação de ser somente um pedaço de carne, alguém para satisfazer o desejo sexual e nada mais, parecia que até mesmo sair para assistir a um filme de herói no cinema acompanhada era algo que não me pertencia.

Será que por ser uma mulher trans devo me contentar com as migalhas e aceitar que só posso ter pessoas casadas em relacionamentos fechados e que querem sair comigo no sigilo? Não, obrigada, próxima pergunta, por gentileza.

Com o passar do tempo, já aprendi a identificar e descartar esse tipo de pessoa, e hoje em dia, depois de finalizadas todas essas questões que eu tinha, eu sinto falta de ter alguém, por exemplo, para sair para levar os cachorros para passear juntos, sabe aquela coisa de planejar o que vamos assistir na televisão no final do dia, alguém para viajar de carro e ir conversando pela estrada, alguém para ir no cinema, alguém para fazer um sexo gostoso, claro, mas principalmente alguém para firmar uma parceria de vida, uma pessoa companheira, fugindo dessa fetichisação que acontece muito com a pessoa trans.

Algo também que acontece muito, inclusive dentro do meio LGBTQIAPN+, quando revelo que sou bi ou mesmo o interesse por outras mulheres, a primeira pergunta que vem: "então, por que que você operou?", como se tudo pudesse ser resumido ao falo, e infelizmente não dá nem para culpar as pessoas, porque o que a indústria pornográfica faz é justamente criar esse enorme fetiche em torno desse símbolo.

Assim que eu passei pela cirurgia de redesignação, pude me libertar um pouco mais, pois já me via plena e como sempre desejei ser. Foram poucas tentativas pelo aplicativo de relacionamento, tendo uma dado resultado. Com uma moça, com quem passei momentos maravilhosos em todos os sentidos, mesmo tendo somente passado por dois encontros. Algo mágico e de grande desconstrução, em que pude deixar pela primeira vez na vida o protagonismo de ser o ator ou atriz principal durante aquele momento.

Cheguei também a ter um encontro mais carnal em uma balada, mas reconheço aqui que o nervosismo e ansiedade era tanta que não consigo nem dizer se rolou ou não. E sim, é isso mesmo, talvez eu tenha uma certa amnésia seletiva e tem coisas que não consigo lembrar, ainda mais para uma primeira vez. E vale lembrar aqui que, mesmo sendo anatomicamente igual, talvez a sensação seja parecida com o perder a virgindade, pois, sim, eu estaria ali perdendo a virgindade no sentido de penetração. Após essas poucas aventuras, aos poucos, vamos nos conhecendo melhor, com a possibilidade de conhecer novas pessoas, mas infelizmente veio a pandemia e impossibilitou isso e tantas outras coisas.

Uma situação interessante pré-pandemia aconteceu no Canadá, que demonstra um pouco dessa ansiedade e vontade de conhecer o novo. Seis meses após a cirurgia na Tailândia, isso já em 2018, fui fazer esse intercâmbio, achei que por ser um país diferente, né, uma outra cultura, talvez eu tivesse uma facilidade maior para encontrar alguém, mas parece que quanto mais você procura, aí é que você não acha. Eu cheguei a marcar alguns encontros, tomei um café com umas duas pessoas, mas nada ia além, sempre tinha algum desencontro ou não fluía. Nessa mesma época, uma amiga minha que estava em uma situação contrária, tem família e foi viajar mais para descansar, acabou encontrando uma *homestay* supercarinhosa, que passava aquela sensação de família, mesmo enquanto que eu, conversei somente no primeiro dia com a minha.

Interessante que optei por esse tipo de moradia justamente para ter, mesmo que por poucos dias, a experiência de viver em família novamente. E optei pelo Canadá não somente pelo custo ser bem mais acessível, mas também por ser um país com a mentalidade mais aberta e sem preconceitos.

Foi uma viagem quase perfeita, só faltou eu conhecer meu lenhador de camisa xadrez e machado na mão, com as garras de adamantium de fora.

Mesmo não tendo um grande protagonismo em assuntos do corpo e do coração, que é uma forma bem meiga de falar de sexo, ou mesmo quase nenhum conhecimento, é incrível como as pessoas pensam que todas as pessoas trans vivem e pensam o tempo todo sobre sexo. Vi isso em diversos momentos dos últimos seis anos, isso nas mais diversas situações, deslegitimando todas as outras coisas que fazemos ou pensamos.

Como é triste ver que quem alimenta todo esse mercado do sexo são em sua grande maioria os mesmos que nos perseguem no trabalho, que nos espancam após o sexo, que fazem chacota e se indignam, supostamente com a mera existência da pessoa trans, que a boca que nos beija às vezes pertence ao dono da mesma mão que nos mata. A quantidade de pessoas casadas, que fingem uma falsa moralidade, mas que procuram pessoas trans, é imensa e imensa também é o tamanho da violência que essas mesmas pessoas costumam destilar contra nós.

Será que não seria bem mais fácil se todas as pessoas fossem mais abertas sexualmente? Não seriam menos frustradas e cruéis se manifestassem seus desejos desde que não faça mal a ninguém e seja consentido, viver livremente essas experiências. Talvez continuar discriminando pessoas trans seja justamente uma forma de não perder o controle sobre a situação e com isso ter que enfrentar os julgamentos de uma sociedade já doente.

AMIZADES

"É importante a gente dizer para os nossos amigos e familiares o quanto eles significam na nossa vida, fazer com que eles saibam a importância deles e não esperar para exaltá-los quando morto em um enterro. Uma coisa muito comum são as reuniões de família durante os enterros e o arrependimento do que não foi dito, prefiro dizer, demonstrar, porque a vida realmente é uma incógnita e não estamos isentos de perder alguém de repente ou mesmo de sermos quem parte sem despedida prévia, e assim temos mais um clichê que é: não deixe para dizer para alguém o quanto ela é importante amanhã se você pode dizer hoje."

Dentro da minha visão de mundo, da minha visão de fé e existência, desde que eu parei de me autossabotar para que as coisas não dessem certo e comecei a pedir para o universo que interferisse da melhor forma, novas amizades foram surgindo, pessoas com perfis diferentes, com vivências diferentes e que eu acredito que chegaram na minha vida no momento certo, porque se tivessem chegado antes ou depois daquele momento, a amizade poderia não ter sido tão próxima ou tão significativa. Vou citar algumas dessas amizades sem citar nomes, porque o que eu gostaria é de reforçar o quanto as conexões são importantes e o quanto acolher alguém pode fazer a diferença na vida do outro. Talvez para essas pessoas, as palavras ou considerações que tiveram comigo pode não ter tido um significado tão grande e talvez elas nem mesmo imaginem a importância que tiveram pra mim.

A primeira coisa é que, por uma questão de personalidade, eu sempre fui uma pessoa sociável, embora introvertida, tinha amigos, mas não chegavam a ser amizades verdadeiras, porque não eram pessoas que eu podia contar as minhas dúvidas, vontades e desejos e, a partir do momento que eu decidi me revelar para o mundo encontrei, meu primeiro anjo.

Anjo 1

Quando decidi informar no banco a minha vontade de passar pela afirmação de gênero, em um grupo de regionais, eu contei que passaria pelo processo e uma moça que eu nem tinha contato, que nem trabalhava na mesma cidade que eu, me chamou no privado e se colocou de prontidão a me ajudar, me ajudou a marcar salão, e essa foi a primeira pessoa a ter empatia pela minha situação, se manteve próxima, houve uma festa de fim de ano com os regionais, chamada de "Foguetes do agreste", porque, até então, o Elon Musk não tinha inventado um foguete que dava ré.

Durante a viagem, ficamos quatro dias hospedadas em um hotel no mesmo quarto e esse pequeno gesto, tão natural para ela, era tão significativo para mim, porque para ela estávamos no mesmo quarto como duas garotas que éramos. Mesmo ainda não vivendo como Marcela, ela foi a primeira a conseguir enxergar a Marcela dentro de mim. As pessoas aparecem na hora certa na vida da gente, pois se fosse em outro momento possivelmente não seriam as pessoas certas.

Anjo 2

Ao iniciar o processo de afirmação de gênero, coloquei um mega hair de quarenta centímetros, unhas de gel gigantes e voltei para Pesqueira, onde eu praticava judô, onde eu tive um acolhimento maravilhoso e onde conheci minha filhinha do coração, que mesmo com seu jeito um pouco bruta, meio seca, sempre esteve comigo, foi também minha sensei e me ajudou dentro e fora do esporte em muitos momentos, viramos confidentes e passávamos alguns fins de semana na minha casa, fazíamos companhia uma para a outra e jogávamos conversa fora.

Dentre esses gestos, nos dias em que ela dormia na minha casa, sempre foi bem natural dormir na mesma cama, algo comum entre amigas, e teve pequeno gesto, por exemplo, as vezes que ela dormia em casa, dormíamos na mesma cama e isso era muito emblemático pra mim, porque se ela dormia na mesma cama que eu, é porque ela me considerava realmente uma amiga e não uma possível ameaça, alguém que passado um tempo pudesse vir a se aproveitar dela. Quando eu fui embora de Pernambuco na mesma data, ela estava começando uma vida nova no Rio de Janeiro como lutadora de Jiu-Jitsu e ela sempre teve muito cuidado comigo, é minha sensei do coração e filhinha do coração, por ser mais nova.

Eu infelizmente não sou uma amiga que lembra data de aniversário, que manda mensagem todo dia, mas, quando nos falamos, é como se o último contato tivesse sido ontem.

Anjo 3

Assim que eu cheguei em São Paulo, eu morei na Mooca, me recordo que me mudei em um período muito ruim para se estar sozinha, digamos assim, porque era final de dezembro, mês de festa e, devido à mudança, eu perdi as festas em Pernambuco e aqui também, porque tinha muita coisa para organizar, eu não tinha móveis, a Liza (minha cachorra), devido a um problema com a companhia aérea, não embarcou comigo então a virada de ano foi muito solitária.

Quem conhece a Mooca sabe que muitas casas de aluguel são grandes casas divididas em casas menores ou edículas mesmo e assim que a Liza chegou, ao abrir a porta de casa, uma vizinha também estava saindo, nos cumprimentamos e conversamos um pouco e eu perguntei se ela não conhecia nenhum hotelzinho de cachorro confiável por perto, e ela, de prontidão, disse que conhecia, mas que cuidava dela para mim e eu, na maior inocência, deixei a chave com ela. Eu fui para Belo Horizonte e podia ter dado muito errado, mas era mesmo um encontro de almas, era mais uma pessoa certa na hora certa, e foi tudo muito natural, essa minha amiga é evangélica e, mesmo que o fato de eu ser uma mulher trans pudesse ter causado algum conflito religioso, ela viu a minha alma e entendeu que eu só queria fazer valer o meu direito de existir.

Ela assumiu o papel de minha mãe postiça e, apesar de hoje ela morar em outro país com o marido, a amizade ainda é tão próxima quanto quando ela morava na porta ao lado da minha.

Anjo 4

Esse anjo sempre esteve comigo, me confiou um dos seus bens mais preciosos para batismo, e nos tornamos compadres, nos conhecemos por toda a vida, dividimos as histórias, os jogos de baralho, dormíamos logo após o almoço de tanto que comíamos e nos vimos crescer e amadurecer e foi ela que, com seu carinho, impediu que meu peito ficasse totalmente vazio ao revelar à minha família quem eu era, foi a única que processou a informação por alguns segundos, me disse que entendia que era muita coisa para processar e que se eu precisasse de algo estaria lá.

Ela nunca mudou a forma carinhosa de me ver, mudamos apenas que hoje, ao invés de compadre e comadre, somos apenas comadres.

CHOQUE DE REALIDADE

"Quase todo profissional que eu conheço já teve sua competência questionada, já foi criticado em uma tomada de decisão e já se sentiu injustiçado pelo menos uma vez na vida, mas essas mesmas pessoas dizem que se sentiram atacadas de forma profissional, não pessoal. A diferença é gigantesca, porque foi deixado claro que o meu histórico profissional desapareceu, ficando apenas o fato de que eu era uma mulher trans e por isso não era competente e nem confiável, isso foi me dito de forma direta e de forma velada mais de uma vez, algo que está muito fora da realidade. As empresas precisam manter, sim, seu nicho de diversidade sempre em pauta, os protocolos de enfrentamento a discriminação e desrespeito nos locais de trabalho devem ser discutidos amplamente em todas as esferas das empresas desde a base até o mais alto escalão. Perder o trabalho por incompetência não é um problema, mas perder o emprego, porque eu sou trans e porque acham que o meu lugar não é ali, esse, sim, é um problema, não apenas para mim, mas para todos que passam por isso. Precisamos retomar as políticas de conscientização, os enfrentamentos aos assédios morais e profissionais tristemente interrompidos pela antiga gestão."

A vida é composta de ciclos, e da mesma forma que muita coisa fluiu de maneira satisfatória, no início do meu processo de afirmação de gênero, esse ciclo próspero havia chegado ao fim. Se iniciaram anos tenebrosos, e de maneira muito rápida, tudo mudou. Era final de 2018, estávamos em um "movimento de ninguém solta a mão de ninguém", ainda processávamos como que iria ser dali pra frente, mas eu nunca imaginei algo nem ao menos parecido, agradeço por terminar esse tenebroso ciclo viva, gosto de contrariar a expectativa de vida de pessoas trans, que atualmente é trinta e cinco anos, menos da metade de uma pessoa cis. Então, para contrariar essa expectativa, ainda estou aqui, e só de estar aqui, já é uma forma de resistência.

O relato a seguir trará apenas o nome da Lisa, espectadora atenta e solidária à minha dor, testemunha da minha indignação e tristeza perante a violência que se deu nesses dias, onde após uma série de fotos para uma campanha interna, campanha essa que evidenciaria vários aspectos da diversidade de pessoas, com o término do segundo turno das eleições de 2018 e com a virada de ano, aparentemente eu fui a única personagem da campanha que não foi ao ar, e talvez por coincidência, mesmo momento em que campanhas na mídia externa, que justamente também exaltava a diversidade, também eram retiradas com a saída do então diretor responsável até aquele momento.

Temendo muitas vezes o pior, tanto para minha segurança pessoal, como para minha carreira, optei por não insistir na veiculação da minha imagem na campanha, apesar de apenas eu ter sido retirada dela, algo que também é conhecido como censura, bem como não insisti nas denúncias de difamação. Não imaginei que esse período de barbáries duraria os quatro anos e sempre acreditei que o simples fato de estar ali, como uma das poucas pessoas trans em cargo de gestão no sistema financeiro, isso por si só já seria uma luz para muita gente nesse período de sombras.

Curiosamente um ponto que me chama a atenção é a facilidade das pessoas se adaptarem. Com a mudança de governo, mais do que rapidamente vi amigos e colegas que começaram a não levar mais seus cônjuges do mesmo sexo para eventos da empresa ou simplesmente tirar o porta-retrato da família de cima da mesa. Inclusive não falo sobre isso de forma a julgar quem fez essa opção, pois cabe a cada pessoa a maneira como enfrentar os momentos de dificuldade, mas, felizmente ou infelizmente, voltar para o armário não era uma opção para mim.

As mudanças de comportamento eram palpáveis, na festa de fim de ano realizada para mais de dez mil pessoas, na qual eu, ciente de que haveria um espaço para cosplay, fui de Harley Quinn e cheguei inclusive a tirar mais fotos com as crianças do que os cosplays que foram pagos. Achei que me elogiariam, visto que entrei no clima da festa e a quantidade de clicks que tive, mas o que aconteceu foi justamente o contrário e, em uma reunião só com regionais e o chefe principal do estado, a frase que se deu foi justamente essa: "A Marcela estava com roupas não adequadas para uma mulher gerente-geral".

A festa foi em um grande rancho, mas entre inúmeras pessoas que por se excederem no álcool e acabaram por passar por diversas situações constrangedoras, o comportamento questionado foi o meu e, mesmo entre a roupa de inúmeras mulheres e homens, a única que, de acordo com eles, não estava apropriada era a minha. Não usei roupas muito curtas ou excessivamente reveladoras como poderiam pensar, até porque tenho naturalmente um estilo mais clássico e minimalista de me vestir, devido ao trabalho e ao meu gosto pessoal mesmo. Estava ciente de que, apesar de uma festa, era um evento da empresa, querendo ou não quase uma extensão do trabalho. Percebi ali que o período era outro, mesmo dentro das ferramentas de denúncia existentes, se precisasse de auxílio, soube que não encontraria nenhum tipo de justiça, como de fato aconteceu.

Os dias foram passando, e se até aquele momento eu já sabia que teria que dar duas ou três vezes mais resultado para demonstrar meu valor, após a mudança de poder, isso ficou ainda mais evidente, inclusive perdendo o direito de errar, algo que para homem, branco, hétero não é um problema. No menor dos meus deslizes, intencional ou não, o cidadão de bem estaria ali para punir e descomissionar e, quem sabe, até demitir. Algo que por diversas vezes sempre foi deixado claro que, para os cidadãos de bem, o lugar de uma mulher trans em cargo de gerência não era ali. Muito possivelmente em seus imaginários esse lugar deveria ser único e exclusivamente nas esquinas da vida, propiciando prazer, mas sempre no sigilo, é claro.

Em março de 2020, consegui realizar um sonho meu, que era fazer um curso de inglês em Londres, eu precisava também respirar um pouco de ar, fora das ondas da extrema direita que tínhamos, e foi bem nesse momento que explodiu a pandemia. Assim como muitos, passei por momentos de desespero fora do país, um momento de intercâmbio se tornou um momento de grande aflição, a dúvida de se chegaria a salvo em casa, se conseguiria ao menos retornar ao meu país, com o fechamento dos aeroportos e fronteiras, além de todas as dúvidas sobre a doença recém-descoberta, me acompanharam.

No dia do retorno, improvisei uma máscara feita com pano multiuso, grampo de papel, elástico e, percorrendo os longos corredores do aeroporto de Londres, vi muitas pessoas acampadas lá, havia apenas um voo de partida naquela noite, e era justamente com destino ao Brasil, me senti aliviada por poder retornar para o meu lar. Havia também grande ansiedade, pois mesmo a distância eu já sabia da falta de face shield e, como uma grande entusiasta da impressora 3D, eu sabia que poderia também ajudar de outras formas no combate da covid.

A grande maioria dos meus poucos funcionários foram afastados, seja por terem alguma comorbidade ou residirem com alguém do grupo de risco, ficamos apenas eu e dois gerentes de relacionamento para tomar conta de uma agência e de um posto de atendimento que também estava sob a minha gestão. Ou seja, três pessoas apenas para se desdobrar e tomar conta de duas localidades com um fluxo considerável de atendimento.

Mesmo com muito apelo por ajuda, e por informações, a sensação que eu tinha era que, ao invés de tirar o peso das nossas costas para atravessar esse período, estavam na verdade colocando mais pedras, isso tudo sempre priorizando o atendimento essencial, mas isso teve pouco alívio, na verdade quase zero, porque passamos a atender apenas o que seria essencial, mas com uma redução no quadro de funcionários de quase sessenta por cento.

Se mesmo antes da pandemia conseguir almoçar antes das quatro da tarde já era difícil, durante esse período, talvez dê para contar nos dedos os dias que consegui almoçar antes das seis da tarde, até mesmo pequenos intervalos para ir ao banheiro ou tomar água era algo raro.

Entendo perfeitamente que nem o mais pessimista dos pessimistas achasse que a pandemia duraria tanto, mas ela durou, e tivemos que nos virar, até mesmo guiados pela necessidade de se fazer útil em um momento importante da história. Durante esse período, o estresse já habitual à nossa função redobrou, com situações rotineiras de quase agressão por parte dos clientes, clientes chamando a polícia de forma recorrente para forçar atendimento ou para pedir providências, devido à demora no atendimento, atribuo parte desses acontecimentos a um certo negacionismo por grande parte da população a respeito da gravidade da situação pandêmica que vivíamos então, basta recordarmos as reportagens passadas em diversos meios de comunicação a respeito das aglomerações em diversos pontos do Brás e imediações.

E nesse cenário já tão desestruturado, me encontrava repentinamente com três reformas na agência, com fluxo de funcionários terceirizados indeterminados, acompanhando a rotina da agência, acompanhando a rotina dos funcionários, cenário esse que em momento algum foi levado em consideração por parte dos setores responsáveis por apurar o assalto que se seguiu.

Em 30 de outubro de 2020, uma sexta-feira muito chuvosa e feriado do servidor público, a agência sofreu um assalto. Devido à forte chuva do dia, dificultou o entendimento de um certo sinal visual utilizado para determinar a segurança ou comprometimento dela, e quando me aproximei para verificar outros itens visuais de segurança, devido à baixa visibilidade por conta da chuva, me aproximei muito e fui rapidamente rendida, assim como uma outra colega, que também se aproximou demais da agência e, assim como eu, também foi rendida.

Foram momentos difíceis, com constantes ameaças à minha vida e a de meus funcionários que estavam presos dentro do banheiro junto com um dos meliantes. Lembro com clareza as frases tais como "vou matar essa daqui", "essa tá de caô".

É interessante que quando estamos sob ameaça literalmente passa um filme na nossa cabeça, ao mesmo tempo que eu pensava na segurança dos meus funcionários e consequentemente suas famílias, minha preocupação era quem iria cuidar da Lisa. Será que agora que eu tinha me encontrado, que sabia mais ou menos qual era minha missão na terra, será que justamente por isso ela já tinha chegado ao fim? Ou mesmo, usando sempre a lógica racional que me segue, será que no meu caderninho de boas ações tenho saldo positivo, mesmo com todo problema que possa ter gerado para minha família por ser quem sou, e até mesmo dentro dessa pegada ecológica, será que minhas ações e atitudes contribuíram para um planeta melhor, será que compensei os gases que já gerei, de modo a não ser mais um fardo para a terra?

A ação dos meliantes teve êxito, e eu ainda não podia perder a linha, havia muitos procedimentos a serem feitos, e eu precisaria estar bem lúcida para isso. Só fui me dar conta de tudo que tinha acontecido quase cinco horas da tarde, momendo que cai em um choro de medo e desespero, e foi um pouco antes disso que um colega meu me disse uma frase que na hora não fez sentido, mas depois dei total razão: "Marcela, seus problemas só começaram".

Toda essa situação que, por si só, já era extremamente trágica aconteceu quando estávamos no auge da primeira onda da pandemia aqui no Brasil. No mesmo dia do ocorrido, devido aos processos internos, veio muita gente, e tivemos inclusive que escutar de pessoas ligadas à investigação coisas como: "que tínhamos que ter reagido, porque o dinheiro é mais importante", escutar que os bandidos nunca matam e que geralmente as armas são de brinquedo me levou ao auge da indignação, mas engoli a seco. Procedimentos padrões de apoio psicológico após assaltos foram negados sob a alegação de que estávamos na pandemia, mas acho que esqueceram de contar isso para os bandidos.

E como em toda grande empresa, na segunda seguinte, vieram as mais diversas diretorias tentar de alguma forma se eximir de qualquer falha ou responsabilidade. Escutei teorias absurdas que deveria ter pensado em concertina, algo que é parecido com um arame farpado em cima da agência, entre outras coisas. Tudo isso aliado ao fato que é preciso contar a mesma história inúmeras vezes, independentemente da tua dor ou qualquer coisa. Nos foi tirado o direito de ficar doente e se abalar com a situação.

Tomadas as providências referentes ao ocorrido, mesmo não estando psicologicamente preparada, continuei a trabalhar, porque, como se diz no banco, "trocamos as rodas com o carro em movimento". Alguns dias depois, contudo, precisei me afastar por duas semanas, tinha crises de pânico ao ouvir sirenes ou ver o que eu supunha ser atitudes ou pessoas estranhas ao meu redor.

Retornei em novembro com mais um funcionário afastado e seguindo mais protocolos, fomos chamados novamente para prestar depoimento sobre o assalto e dessa vez na própria Polícia Civil. Ao chegar no local, a primeira constatação deles foi que eu, uma mulher trans, estava tendo um caso com um dos bandidos, sem provas, sem qualquer evidência que fosse ao menos circunstancial, apenas porque esse é o papel que se espera de mim por ser uma mulher trans.

Ficou claro que eu não deveria exercer o cargo que exerço, porque, de acordo com as pressuposições deles, meu lugar deveria ser na esquina mais próxima. Foram quase duas horas com constantes acusações de quem não tinha nem pego as anotações dos policiais que estiveram no dia. Eram frases como "a casa caiu, já te entregaram", "melhor confessar logo" entre outras barbaridades, e eu por inocência ou medo, fiquei tão apavorada que não consegui chamar o advogado do Banco que estava do lado de fora da sala, pois pensei que com isso eles poderiam achar que eu era culpada de vez.

Não tenho dúvidas que, se não ocupasse o cargo que ocupo, que se não tivesse pós-graduação e fosse branca, teria sido jogado em uma cela e espancada até confessar qualquer coisa que pudesse servir de prova, eu fiquei sem saber como reagir, não temos curso para dar depoimento, até porque, sendo inocente, nunca imaginei que pudesse ter tanto medo da polícia quanto tive dos bandidos.

Até pouco tempo atrás, eu também pensava que talvez pela minha formação, cargo ou histórico, eu tivesse vivido por exemplo uns dez por cento do que passam outras meninas trans e travestis, mas a verdade é que tomei toda a carga na hora, pois para eles pouco importava isso. Sai em choque, devo ter chorado por uns três dias seguidos, e demorei mais de 2 anos para conseguir contar essa história sem me emocionar.

Ainda criança, lembro que escutei a seguinte frase de um dos meus tios "Desgraça pouca e bobagem", é para essa situação, não haveria de ser diferente, como já tinham passado alguns meses do incidente, achei que, do ponto de vista do Banco, já tinha tudo passado, e ficado só o trauma e o prejuízo financeiro. Pois dependo de atendimento para gerar negócios, e não tinha funcionários suficientes, porque a agência ficou com apenas duas pessoas desde o começo da pandemia. Quando me afastei não tinha quem abrisse e continuasse o atendimento, e sem atendimento não tem como gerar negócios, e com isso perdi algumas premiações que habitualmente, como boa viciada em trabalho, eu sempre ganhava, independente do motivo do afastamento ter sido decorrente do assalto que sofri no exercício de minha função.

Entretanto, a história ainda não tinha chegado ao fim, recebi aquela famosa cartinha que talvez outros colegas que trabalham em grandes empresas sabem bem como funciona. Era um pedido de informação, que podemos considerar como um primeiro passo antes que se decida abrir um processo administrativo. E até então, mesmo com toda a dor ali envolvida, não vi problema em receber, pois seria a ocasião de contar todo o ocorrido, bem como de expor algumas situações de fragilidade geradas, inclusive, por conta da pandemia, uma visão que atuando na agência diariamente eu tinha, mas que quem faz as regras de segurança não, pois em sua maioria não atuam a anos em uma agência e com menos visão ainda no período da maior crise sanitária dos últimos cem anos.

Demorei alguns dias, e elaborei um texto muito bem fundamentado, inclusive com explicações técnicas e jurídicas, encaminhei, e obviamente que não foi o suficiente, dando a impressão que não foi nem lida. Poucos dias depois, outra cartinha bem malcriada, pedindo para retificar ou ratificar as informações que anteriormente eu prestara, e agora eu tinha acesso ao que foi escrito por outros colegas também interpelados, mas que, naturalmente, ratifiquei toda a minha posição, e com quase 5 páginas de um texto, oriundas de algumas noites sem dormir só de cogitar que havia alguém desconfiando de mim, encaminhei e deduzi que agora então estaria tudo resolvido, e vida que segue.

Deduzi errado, algumas semanas depois, tive a certeza de que não foram nem meramente consideradas diversas situações como a pandemia e obras que tinham ocorrido dias antes do incidente, não foram nem citadas no documento que foi encaminhado para abertura de processo administrativo. E o que foi mais doloroso foi ver escrito a seguinte frase "A Marcela entrou na agência sabendo de investida criminosa", e, mesmo sem apresentar unicamente uma prova, ignorando todo meu relato, o processo deu andamento.

Fiquei em choque, em crise de choro, de vítima eu estava formalmente sendo acusada de criminosa, sem provas e por pessoas que a última atuação dentro de uma agência se deu há mais de vinte anos. Meu histórico profissional tinha sido completamente ignorado, minha ética, moral e honra eram abertamente atacadas, e em um momento de extrema fragilidade, ao invés de apoio, eu ia ser jogada na fogueira para queimar sem dó nenhuma.

Processos administrativos naturalmente são superdemorados, eu não tinha condições psicológicas de aguardar tanto tempo, estava adoecendo, perdendo cabelo e com diversos outros problemas. Considerando a total inexistência de qualquer prova e de que fui totalmente desconsiderada em tudo que expliquei, bem como fui ignorada em absolutamente tudo que escrevi.

Mesmo tendo chegado a esse ponto, a resposta esperada no encerramento do processo seria: "Marcela, você está certa, e nós devemos desculpas pela forma como foi conduzida a situação". De verdade, eu aceitaria esse pedido de desculpas de bom grado, sempre fui bem avessa a usar o sistema jurídico e a única vez que precisei foi para alterar o nome de batismo na certidão de nascimento.

Meu nível de estresse chegou a tal ponto que cheguei a receber ligações de responsáveis pelo então Recursos Humanos, pois estavam preocupadas que eu viesse a cometer alguma loucura e acabar com toda a minha história. Tentei de todas as formas possíveis e imagináveis acelerar o processo e acelerar esse pedido de desculpas, procurei inclusive o CEO atual, e logo na primeira conversa, demonstrei que estava apropriada da minha história e que, como uma das primeiras gerente-gerais trans de todo o sistema financeiro, eu precisaria conversar com ele, algo que ele de prontidão já sabia e foi supersimpático ao se propor para me escutar.

Marcamos, com poucos dias, uma conversa em São Paulo, e que, devido a questões de agenda do CEO, precisaria ser desmarcada. Então, ou eu adiava ou ia para Brasília. Eu não questionei, arquei com mais essa despesa, comprei uma passagem de avião e fui ao encontro combinado. Durante a nossa conversa, achei que tanto o processo se aceleraria, bem como eu teria o meu pedido de desculpas. Notei boa vontade em resolver o meu caso, e corrigir a injustiça.

Voltando para casa e com poucos dias veio o resultado do processo, para minha surpresa, fui advertida com uma sanção, algo que para a maioria esmagadora dos funcionários seria uma punição satisfatória, para mim, não era nem de longe, pois se eu não tenho culpa, o que eu quero é o reconhecimento do erro e um pedido de desculpas. Simples assim.

A punição no caso são seis meses, bloqueada de qualquer promoção de salário, mesmo que um centavo, também me impedia de trocar de posto de trabalho, o que me impactou profundamente já que eu procurava sair do ambiente onde ocorreu o delito. Cheguei a perder a grande oportunidade de concorrer para a vaga dos meus sonhos, assumindo um posto como gerente-geral em uma unidade de inovação tecnológica focada na curadoria de chatbot, uma vaga que pertence a umas das minhas duas grandes paixões que são tecnologia e sustentabilidade, para essa oportunidade o aumento de salário não era muito e não cobriria as despesas que eu teria a mais para ir trabalhar, então meu interesse na vaga era mais por paixão mesmo, mas, devido à sansão, não pude nem manifestar interesse.

Posso dizer, sem sombra de dúvidas, que esse foi o pior momento de todos, precisei me ausentar, inclusive fiquei afastada pelo INSS, algo que nem quando eu fui fazer a cirurgia de redesignação sexual na Tailândia foi necessário. Fui medicada, e foram 45 dias para eu conseguir voltar a algo próximo da estabilidade aceitável para trabalhar. Até mesmo as consequências financeiras são perceptíveis. Foram meses para conseguir contar a história, sem cair em lágrimas, insisti por diversas vezes com o atual CEO na época, e por mais que eu visse boa vontade de sua parte, ficava bem claro que os vieses ideológicos que julgam uma mulher trans, sem provas, não seriam vencidos.

Importante ainda lembrar duas coisas, uma de que estávamos no meio da maior crise sanitária dos últimos cem anos, e a segunda de que todo o processo foi julgado por pessoas que não trabalharam em agência nos últimos cinco anos, o que torna a percepção sobre o ocorrido algo bem distante de suas realidades de trabalho atual.

Foram meses difíceis, em que se passaram as mais diversas ideias na minha cabeça, fiquei sem saber o que fazer, pois, apesar de todo mal que me foi feito, sempre tive grande carinho e apreço pelo banco. Mesmo a opção de buscar no direito que se apresente as provas de que fui acusada, para mim parecia perturbador, pois sabia que isso selaria de vez minha carreira, por mais que tivesse a razão e fosse o certo de que deveria ter feito.

Paralelo a isso tudo, a situação do Brasil não era diferente ou melhor, o número de mortos da covid não parava de crescer, o que acontecia no banco não deixava de ser um reflexo do que estava acontecendo na sociedade como um todo, ou seja, um verdadeiro desmonte.

Tentei de várias formas, pelo menos, ter o meu pedido de desculpas, e juro de todo o coração que uma simples ligação da pessoa que escreveu que eu entrei sabendo de investida criminosa já teria sido minimamente suficiente. Foi atacado justamente aquilo que eu tenho de mais sagrado, que era a minha honra. Aquilo que naturalmente é o que mais se ataca nas mulheres trans e travestis usualmente. Acertaram em cheio o meu ponto mais fraco. Longe de mim querer ser a virtude em pessoa, mas tenho a consciência tranquila de fazer tudo que está ao meu alcance para ser correta, mesmo nas pequenas coisas, sou a chata do rolê que se recusa a beber se vai dirigir, por mais pouco que seja, quando dirijo evito até fazer uma conversão proibida, mesmo sem ninguém ver, aprendi com meus pais a ser correta nas minhas ações, independentemente dos outros, e isso levo até hoje para minha vida. Estar à frente da mesma agência a quatro anos e não ter tido esse tipo de problema já seria uma questão a ser levada em consideração, para que, pelo menos, se apurassem as coisas de forma real e não simplesmente me usassem como bode expiatório para tirar o seu da reta.

Após esse ataque moral, minha ética profissional foi questionada diversas vezes, apesar do meu histórico profissional junto à instituição, apesar do meu total comprometimento e zelo pela imagem da instituição, tendo inclusive representado toda a categoria de bancários em uma campanha de um jornal de grande nome, que buscava elevar as profissões que estavam atuando presencialmente. E de repente tudo é esquecido? Todas as agências estão sujeitas a passar por um assalto, minha agência não foi a primeira a ser assaltada e, infelizmente, devido ao crescente número de assaltos a bancos, sabemos que não será a última, mas a forma como fui tratada dentro das esferas da instituição a qual presto serviço é de causar pânico.

Se tivesse uma justificativa, ao menos um indício que houve de minha parte qualquer contribuição para o ocorrido ou mesmo um comportamento que justificasse a sanção administrativa aplicada, eu a aceitaria sem maiores problemas, faria uma revisão na minha conduta e seguiria em frente. Mas sempre tive plena segurança de que não era disso que se tratava.

Poderia tornar esse relato algo longo, incoerente e provavelmente desnecessário, minha carreira e a condução da minha vida deixam claro que eu não sou assim. Tenho amor ao meu trabalho, busco em tudo que eu me proponho a fazer excelência e espero que isso seja levado em consideração algum dia.

Segui a vida na agência, me candidatei para outras vagas quando as sanções expiraram, queria e precisava desesperadamente sair do formato de agência que eu tinha atuado até então, volta e meia me recordava da frase de um investigador que era "se essa agência sofrer outro assalto, você pode ser presa", mas trabalhando em uma agência bancária estamos sujeitos a assaltos todos os dias, infelizmente é uma possibilidade que permeia o nosso dia a dia, e aquilo foi me mudando, a desconfiança, a falta de apoio do banco me endureceram demais, passei a brigar, passei a exigir mais que os setores da instituição se posicionassem, passando a não tolerar erros que afetem diretamente a vida nas agências. Afinal, eles é que foram injustos e incapazes de se dignar a me dirigir um simples pedido de desculpas, que, sim, faria diferença e teria me confortado naquele momento tão longo e tão difícil.

PONTO FINAL COM INÍCIO DE NOVO CAPÍTULO

"Devemos fazer do nosso passado pequenos blocos de aprendizado para construir o nosso futuro, as lições que aprendemos, mesmo aquelas que não são as melhores, nos moldam e formam quem somos hoje, para que possamos construir o nosso amanhã. Eu acredito que tudo que eu passei me fortaleceu, não acho que foram situações indispensáveis e espero não precisar passar por nada disso novamente, mas mesmo assim tento tirar boas lições dessas péssimas situações. Dizem que tempos difíceis criam líderes fortes e líderes fracos criam tempos difíceis, vivemos isso na íntegra, e uma das coisas que eu trago para mim é que eu sou a líder da minha própria história, da minha própria vida, não posso me dar ao luxo de criar tempos difíceis para mim mesma, porque preciso estar pronta para quando a vida ficar difícil por si só, preciso ser forte para quando os tempos se tornarem difíceis. E eu sigo forte."

Passei por situações bem complicadas e mesmo quando não pude ir recentemente no enterro de um tio muito próximo a mim, mesmo sem poder prestar minhas condolências, porque parecia um grande desafio me ter por perto para a minha família, mesmo naquele momento, não tive como me arrepender de ser quem eu sou hoje. Chorei o meu luto, não fui consolada e nem pude consolar, mas, quando me olhei no espelho, eu me senti em paz. Aquela que estava no espelho era eu, essa imagem que hoje eu tenho foi conquistada com dor, suor e lágrimas e reflete a mulher que eu sempre fui por dentro, sou eu em todo o meu esplendor de mulher.

Foram quatro anos difíceis. Em um primeiro momento eu não achava que iria durar tanto, mas durou. Inúmeras violências sofridas, algumas de maneira explícita e outras de maneira velada. O cenário conseguiu ser pior do que se imaginava e as consequências estão aí, retrocessos nas políticas públicas, perda de direito conquistados por pessoas com deficiência, precarização dos serviços de enfrentamento à fome e ao cuidado da pessoa em situação de rua, entre tantas perdas consideráveis para a sociedade em geral. Mantive meus posicionamentos e me senti muitas vezes dando murro em ponta de faca, pois a rapidez com que muita gente se adaptou e passou a replicar os discursos de ódio foi surpreendente.

Se me perguntarem o que eu mudei nesses quatro anos, diria que me tornei uma pessoa mais agressiva, de tanto apanhar, tive que começar a bater e ser enfática naquilo que estava errada, eu sabia que tinha um grande esforço para acabar com minha carreira e com minha honra, justamente aquilo que tenho de mais valor. E no primeiro momento de descanso, poderiam me derrubar. Minha existência é uma posição incômoda para muitos. Eu tenho o direito de estar onde eu quiser e onde minha competência me permitir, quando o ataque não é a minha competência, mas ao fato de eu ser uma mulher trans, eu não aceito, não permito mais que se faça e fique por isso mesmo.

Apesar das perdas, eu tive também muitas conquistas, ressuscitei minha antiga paixão pela escrita e estou muito mais focada no que busco. Hoje, já me conheço melhor e sei do que sou capaz e sei que não é tão fácil como pensaram para me derrubar. Agora é arregaçar as mangas e trabalhar para recuperar o tempo perdido e para que esse tipo de pensamento mesquinho que permeou o Brasil nos últimos anos seja segredo ao fundo da sarjeta, lugar de onde nunca deveria ter saído.

Continuo a fazer novos cursos, depois da impressão 3D, estou apaixonada pelo designer de joias e percebi um ponto interessante dessa minha loucura por sempre fazer novos cursos e sempre ser mais bem informada, mesmo sendo concursada, eu preciso me manter uma pessoa empregável, eu já sabia, mas a instituição que eu trabalho fez questão de esfregar na minha cara que, mesmo sendo uma funcionária exemplar, mesmo apresentando os melhores resultados, estou sempre a um passo de perder tudo. Talvez se eu tivesse mantido a cis fake não ocorresse esse risco, mas o peso dessa máscara, o quanto ela te maltrata e sufoca, o quanto ela te incapacita de ser feliz e de fazer, de forma real, outras pessoas felizes, faz com que não valha a pena mantê-la. Se preciso fosse viver mil vezes o que passei, para poder ter a paz de ser quem sou, mil vidas eu viveria e não mudaria o que fiz.

Hoje em casa somos três, eu, a Liza e o único macho da casa: o Mayle. Um cachorrinho que vivia na rua e que, devido a um acidente, tem apenas três patinhas, mas que parece que sempre esteve comigo, que parece que sempre fez parte da família, ele e a Liza brigam como verdadeiros irmãos.

Felizmente, a vida é feita de ciclos, e não existe mal que para sempre dure. Aos poucos, como boa canceriana, vou voltando para o meu eixo. Pena que meu lado racional e de pessoa formada em Física não me deixa acreditar. Vou deixando essa postura de ataque a qual fui obrigada para conseguir passar por esses quatro terríveis anos.

E devido a pequenos atrasos na escrita deste livro, finalizo aqui no quarto do hotel em Brasília, no dia 16 de janeiro. Tenho a alegria de poder presenciar a posse da primeira presidenta do meu banco em duzentos e quatorze anos de história. E, ao que tudo indica, veio para mudar muita coisa e trazer essa instituição centenária para o lugar de protagonismo que nunca deveria ter saído. Resumindo, está tudo bem, e o que não está irá ficar.

UM CANTINHO APENAS PARA AS BEST

Nossa amizade começou pelo nosso amor em comum por cães, e aos poucos comecei a descobrir o ser humano diferente que estava à minha frente; porque eu tive o privilégio de conviver não só no âmbito pessoal, como também profissional, e posso dizer que ela tem diferenciais que a fazem rara. A maioria não sabe o que quer ou para onde vai, ela não, sempre teve claro o que queria e para onde iria e traçou as estratégias para chegar, teve seu tempo de incubação, mas, quando saiu do casulo, foi decidida a não voltar, sempre que senti medo me lembrei de quando ela foi para Tailândia sozinha com pouco inglês, mas ela sabia o que queria e nada a faria parar, ela é uma pessoa que vence e se reinventa todos os dias, tem consciência de seus erros, os encara e é capaz de os admitir com tranquilidade, mas isso não quer dizer que os aceite. Dona de uma empatia e humanidade como poucas pessoas que eu conheço, se doa sempre e, em tudo que faz, quer sempre fazer o melhor, as dores que a machucam, mesmo que seja mais que os outros, ela ignora e não se deixa paralisar.

Eu a adotei como filha do coração, pois, se eu tivesse uma, gostaria que fosse assim, forte, decidida, mas que sabe ser doce e frágil. Ah, sim, ela tem defeitos, confia demais nos outros e é desatenta com os olhares de más pessoas, chega a ser ingênua, mas isso acaba sendo uma proteção dos olhares e julgamentos alheios, lida com a reprovação das pessoas todos os dias, mas ela segue em frente, porque é obstinada, sabe onde quer chegar. Para mim, Marcela é símbolo de coragem e obstinação.

Ela é o tipo de pessoa que não larga a sua mão até você chegar ao seu destino, que te ajuda a limpar os machucados dos tombos, não é tão boa com palavras, mas diz sem elas: estou aqui, vamos tentar de novo! Se ela te deixar entrar no seleto círculo dela, seu moço, saiba que é pra toda vida. Minha menina valente.

Patricia Jarruj

Conheci a Marcela, efetivamente, quando seu período de transição já havia iniciado. Trabalhávamos em cidades próximas, mas eu não a conhecia pessoalmente. Eu estava em período de férias, quando soube por colegas que ela havia se assumido trans para todos da empresa.

Prontamente, mesmo sem conhecê-la, mandei uma mensagem e me coloquei à disposição para auxiliar nas questões que ela julgasse necessárias.

A partir desse momento, passei a me informar melhor sobre o ser transgênero; busquei literatura, filmes, séries, histórias reais e mergulhei nesse universo. Marcela é uma amiga querida, merece tudo de melhor que a vida pode oferecer, e eu espero poder sempre comemorar com ela, mesmo a distância.

Irley

Lembro que, neste final de semana, almocei na casa da minha tia e até jogamos baralho à tarde antes de irmos embora, à noite em casa já descansando, recebi uma mensagem do meu então compadre e primo dizendo que tinha um assunto para contar, quando li o que escreveu, minha primeira opção e reação foi: ele está de zueira comigo, coisa que adorava fazer, não acreditei até a segunda confirmação.

Senti sinceridade e não acreditava que ele poderia estar brincando com algo tão delicado, tão sério e tão radical ao mesmo tempo, minha cabeça deu uma pirada.

Ouvi com muita atenção, e juro por Deus, ainda incrédula. Aquele momento era muito pessoal e profundo.

Senti dor, senti angústia, senti libertação, senti medo nas palavras que estava ouvindo. Mas também senti a certeza e convicção do que queria a partir daquela conversa.

Por que sentiria raiva? Por que sentiria repulsa? Por que o excluiria da minha vida? Por que deixaria de amar como sempre amei? Amo a pessoa que é, uma pessoa honesta, uma pessoa atenciosa, uma pessoa digna, uma pessoa inteligente, uma pessoa curiosa, uma pessoa que ama a família e uma pessoa cristã.

Perdemos muito mais do que ganhamos deixando de amar simplesmente. Perdemos a presença, as conversas, as ideias, as bobeiras num almoço de domingo, as viagens, os momentos tristes, os momentos de perda e os momentos alegres e de conquistas. Pelo simples fato de não aceitarmos que a vida é de quem a vive, podemos opinar, palpitar, tentar convencer sob nossos olhos e convicções.

Viver uma fachada não é viver. Viver para agradar a iludida sociedade que se esconde atrás de famílias perfeitas com pedófilos, estupradores, mal resolvidos e frustrados etc...

Tenho filhos e não os criei para julgarem as pessoas pelas vestes, pela cor, crença, bens etc... e, sim, respeitar e ser respeitado, amarem e serem amados.

Fico muito triste de ver famílias tão afastadas por convicções sociais e opiniões alheias que não agregam nada além de tristeza e destruição. Destruição da alma.

Marisa Machado

A QUEM UM DIA EU FUI

Agradeço imensamente o seu esforço em, mesmo com tantas dúvidas, seguir adiante, preservo o amor à família, a idoneidade e ética tanto pessoal, como profissionalmente que, desde muito cedo, sempre foram características tão naturais a minha personalidade. Hoje, após a afirmação de gênero, posso te garantir que a felicidade é algo que faz parte do nosso cotidiano, obrigado por ter tido a coragem de se aceitar e se permitir, apesar de todos os empecilhos, todas as dores, obrigada por se aceitar, Marcela, e eis-me aqui, ao olhar no espelho, sei que valeu a pena todo o sofrimento, toda a solidão e todas as críticas e incompreensão. Hoje quando eu sorrio é de dentro para fora, é sempre da alma, hoje eu me permito chorar, me permito ser frágil e consigo me amar acima de tudo. Não sou perfeita e sigo buscando ser uma pessoa melhor a cada dia, sigo a filosofia de Cortella, no que se refere ao capricho, faço melhor com as condições que tenho hoje, esperando melhores condições para fazer melhor ainda amanhã.

Ainda busco ser mais gentil comigo, ainda busco ser a minha melhor amiga, a que mais me cuida para um dia também ser capaz de ajudar alguém a se cuidar, não tenho a aspiração egoísta de fazer alguém feliz, pois sei que a felicidade é algo que somente nós mesmos podemos nos proporcionar, o outro no máximo nos fará bem. Mesmo se eu tivesse que passar por tudo que eu passei, mesmo que mil vidas, mil vezes eu passaria e ainda continuaria a dizer que poder ser a mulher que eu sou hoje não tem preço. A você, meu eu tão sofrido e que mesmo assim não se permitia sofrer, o gosto de cruzar essa linha de chegada não tem sabor de vitória igual, hoje estou plena, bela, feliz e tão cheia de sonhos, planos, fé e esperança, minha vida realmente começou aos trinta e um anos, poderia ter sido antes, talvez, mas acredito que tudo tem seu tempo certo, fique tranquilo e façamos as pazes, você nesse passado que me ensina e me serve de lição todos os dias e eu nesse presente e futuro que com toda certeza será brilhante!

Ma